貓奴今天去哪兒?

李麗文／著　吳毅平／攝

與貓咪的美好生活

記得小時候接觸貓咪,是在農村的外婆家中,兩隻貓咪常常窩在廚房大灶旁取暖,眼瞇瞇縮四腳的舒服樣,常讓我忍不住去騷擾牠們,好脾氣的貓咪也任我捉弄,讓我對貓咪始終保留在美好的印象裡。直到畢業後,才有機會養貓,這一路下來也逾 20 年了,不論身邊貓咪如何來來去去,我對貓兒始終珍愛如一!

對於貓咪的情感,當然也延伸到生活之中,走在路上不斷留步只為看貓,旅行中也不由自主把貓咪的身影留在相機中,無論在阿姆斯特丹、北海道、九州、中國麗江古鎮、周庄水鄉,或是熱帶國度檳城、峇里島等,都忘不了巧遇貓咪的時光。不過,最多的還是在台灣四處趴趴走的出差日子裡,在市集、民宿、街上、公園、雜貨舖……貓似乎無所不在!

而且,有關貓咪的小物、雜貨,都是自己掏寶的目標,從小擺飾、杯盤器皿、壁畫、玩偶,只要是製作可愛精緻的貓型,毫不猶豫統統帶回家!好友旅遊時也不忘幫忙蒐羅,讓我驚喜萬分,多年下來竟也收藏不少貓咪小物,可惜家中能擺出來的空間有限,只能輪替上場,一次整理換一檔!

　對貓咪的寵愛也讓我關注貓咪二三事，逛寵物店不再只是為了買飼料，也會研究各種寵物用品，《貓咪玩具魔法 DIY：讓牠快樂起舞的 55 種方法》一書也因此誕生。現在有此機會企劃撰寫這本關於「貓」的旅遊主題書，除了可以讓喜愛貓咪的人知道哪兒可以找到貓雜貨，也可以到貓咖啡館小坐，與貓咪來場甜蜜約會，即便無法馬上前往，紙上神遊也很療癒呢！

　特別感謝攝影師吳毅平的協助，讓這本書有著滿滿的萌貓畫面；也謝謝山岳文化的編輯與設計，使這本書順利出版。最想感謝的，是每位為貓無悔付出關懷的貓媽貓爸們，因為有你們全心照護，讓無數貓咪有了美好的生活，在此致上深深謝意！

　　記得好幾年前曾到台北的師大夜市逛逛，突然聽見某一個攤子上傳出貓叫聲，本能地開始尋找貓咪在哪裡，到底是攤商養的，還是街貓跑進夜市裡來了？這時又傳來一聲「喵！」，仔細一看，原來是一個賣冷飲的攤子，好大一個裝著檸檬愛玉的透明壓克力桶後面，站著一位精心化妝打扮的年輕美女，只要有人經過她的攤子，就會用很嗲、還黏在一起的語調說「你好！」，聽起來根本就是「喵！」，害我心裡小貓亂撞了一下。

　　我不知道那個愛玉妹的生意好不好，但如果那天我看到的是一隻貓站在後面，聽到的是真的喵喵叫，我一定會停下腳步買一杯來喝的。貓奴就是這樣啊。

　　愛貓人最大的特點，也是外人最無法理解的，就是明明家裡就有好幾隻了，卻老愛跑去外面看其他的貓。上下班走在路上，看到睡在車頂的，坐在牆頭上的，就想過去跟牠說說話；聽到喵喵叫，就趕快去便利商店買罐頭，有的甚至包包裡隨時準備著飼料。遇見有養貓的店，賣什麼都沒關係，一定要走進去摸一摸牠的頭，還要問貓咪的名字與幾歲、怎麼來的、乖不乖，店家也總是不厭其煩地一天回答這種問題好幾遍。

　家裡用的、身上穿的，有貓的圖案最好，佈置裝潢時，總想著貓的動線：冬天有沒有溫暖的地方躲起來睡覺、夏天有沒有磁磚地可以散熱，有沒有檯子可以跳高、可以看窗外發呆，貓砂盆要放哪裡才能兼顧隱私與舒適，還有飼料盆的高度，直接放地上吃脖子會痠。

　放假時，就去貓咖啡廳，坐在被尿尿過的椅子上，然後讓貓坐在大腿上把衣服粘得都是貓毛，讓貓睡在鍵盤上把電腦弄壞，老闆把咖啡上的奶泡弄得像隻貓時，大家比撿到錢還激動。有錢有閒的，乾脆買機票出去，去希臘看住在海邊的，去日本看當火車站站長的，去泰國看住在廟裏的。然後家裡的貓因為沒人照顧，還要另外花大錢送他們去住旅館……

　古人説，山不在高，有仙則名；水不在深，有龍則靈。

　貓奴説，山高水深一點都不重要，有貓就行。

Contents

Part 1

歡迎光臨喵雜貨專賣

Part 2

與貓藝術家來場溫暖的交流

與萌貓相約在咖啡館

呼嚕嚕，轉角尋貓趣

welcome

Cat

Part 1

雜貨專賣

歡迎光臨喵

令人著迷不已，絕不能錯過的貓主題專賣店！收藏性滿點的亨利屋貓石頭畫抱枕、帶來好運的招財貓、吸睛耐用的貓臉帆布包、討喜多樣的峇里島木雕貓、充滿想像的手繪貓吊飾、守護平安的貓咪御守……與喜愛的作品相遇，讓生活充滿「喵嗚」的療癒氣息！

卡拉貓手染棉布店
當逗趣貓咪碰上天然織品雜貨

攝影／李麗文

帶著貓咪小包去上班吧！

你知道模樣可愛的布製品「卡拉貓」，可說是最早出現於台灣的貓雜貨專賣店嗎？這個品牌於 1992 年成立於日本東京，商品由飛行船企画株式會社（HIKOSEN PLANNING CO., LTD.）設計製造，由於社長奧山祥子女士喜愛貓咪，也熱愛天然的織品雜貨，引發她創立「卡拉貓」的動機。

卡拉（CARA）在西班牙文中，有「微笑」的意思，卡拉貓即是以此為概念，推出了模樣可愛的設計，並以舒適的純棉製作，加上使用手染方式染布，因此在色彩上有許多少見的調和色，廣受女性與小朋友喜愛。台灣代理商引進卡拉貓至今已超過 17 個年頭，目前多家門市分散全台各處，提供許多居家休閒產品，包含服飾、家飾、禮品等品項，近年新品更採用抗菌加工的銀離子純棉布，讓舒適性更加提升。

卡拉貓的明星貓主角是隻三花貓，這也是從一開始就發展的貓圖樣，幾乎所有的款式都會出現牠瞇瞇眼微笑的逗趣身影。近年來，群眾隨身的行動電子產品越來越多，卡拉貓也針對 3C 產品設計出符合需求的袋子與保護套，可愛的模樣與鮮明的色彩，一推出就擄獲許多上班族及學生的心，拿著看著就開心！🐾

▲ 貓咪托特包，特價 699 元（黑色）。簡約線條大容量的設計，頗符合上班族的需求。

01
02

01 看了就心情愉快的逗趣貓咪。02 在各式各樣的棉布製品中，能找到滿足生活上各種使用所需。

▲ 中型黑貓手提袋，單價 399 元。採用鮮明的色彩突顯黑貓的可愛模樣，是不少上班族中午外食時最愛帶的包包。

卡拉貓手染棉布店

📍 台北市永康街 39 號（永康店）
📞 (02) 2391-9504、(02)2903-8118（消費者服務專線）
🕐 12:30～21:30
💤 無
🌐 門市相關活動可上 Facebook 搜尋「CARACATS」（卡拉貓）

平板電腦保護袋，特價（上）
529 元、（下）469 元。以穩
重的色彩設計，並加入襯墊，
可為 3C 產品多分保護性。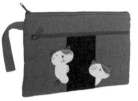

刺繡蜜蜂卡拉貓側背包，
特價 799 元。限量商品，
賣完就買不到囉！

手機套，特價 429 ～ 529
元。有多種款式可選。

卡拉貓紅包袋，特價 189 ～
369 元。每年皆以生肖年設
計新款，十分討喜。

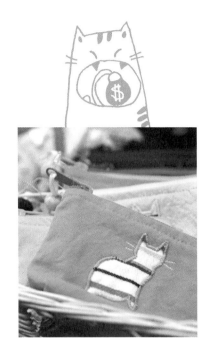

棉布 T 恤,特價 950 元。布料採用銀離子抗菌
處理,穿著舒適。

貓掌筷子袋,(左)特價 280 元、(中)349 元。
貓掌趣味護套,特價 399 元。以貓肉球設計的
商品,可愛的萌樣十分熱賣。

		03
01	02	04

01 卡拉貓的店裡,擺滿了各式各樣的商品,是貓迷
們不可錯過的血拼點。02 款式眾多的包包可得花
點時間挑選。03 以貓咪剪影設計的零錢包,特價
219 元,很適合做為送禮的品項。04 卡拉貓的棉
布圍裙是不退流行的經典商品,也是家庭主婦與
幼兒園老師們的最愛。

貓咪口罩,特價 189 元。
機車族的最愛,每次出新
品總會來逛逛蔿蘿。

亨利屋 Henry Cats & Friends
讓人無法移開目光的萌萌石頭貓

Q版造型公仔,單價615元。以
石頭貓意象設計的公仔貓,採
用手繪上色,做工精緻。

造型筆記本,90元。貓咪系列鋼珠筆,100元。單價不高的文具小物,是許多學生首選的品項。

呆傻、調皮、開心,栩栩如生的表情超討喜

走過「亨利屋」,隨即被櫥窗裡的彩繪貓兒吸引,貓兒萌萌的大眼和圓圓的身軀,讓人實在無法移開目光!原來,這與九份的彩繪石頭貓都是藝術家李鴻祥(Henry Lee)所創,這些栩栩如生的彩繪化身為各式商品,不僅裝飾性十足,更兼具實用性。

彩繪石頭貓的淵源,要從李鴻祥想送禮給德國朋友的故事說起。當初由於不想送出市面上處處可見的禮品,李鴻祥苦思許久,後來經由工作夥伴提醒:「兩位都是愛貓的朋友,何不送個彩繪貓咪在石頭上作為禮物呢?不僅石頭來自台灣,手繪的貓咪更能顯現送禮的真意呢。」沒想到,收到禮物的德國朋友深受感動,讓李鴻祥有了持續創作石頭貓的動力。

造型零錢包,230元。以石頭貓中經典角色設計的零錢包,十分討喜。

01　　02

01 手繪石頭貓,單價2,900元起。純手工彩繪製作,限量發售,並附精美木盒包裝。02 亨利屋永康店位於永康公園一角,只要看到石頭貓壁畫就能找到這裡。

▼ 彩繪石頭貓 Melody,3,000元。

亨利屋 Henry Cats & Friends

📍 台北市永康街23巷6號(永康店)
📞 (02)2396-8363
🕐 12:00～22:00
休 無
🌐 http://tw.henrycats.com

真皮長夾，4,320 元。真皮短夾，3,960 元。以噴繪方式製作，質感精緻。

造型抱枕，820 元（中型）。使用柔軟的水蜜桃布料製作，觸感舒適。

縫線筆記本，280 元。霧面噴砂封面，高質感的手帳本。

（左）口袋托特包，1,800 元。（右）造型手提包，1,950 元。

馬戲團包包吊飾，360 元。可吊掛包包上，背面有拉鍊開口，可收納鑰匙。

造型大頭鑰匙包，330 元。可掛在脖子或包包上，方便隨時取用。

這樣獨樹一幟的石頭貓，融合了玉石與彩繪的精粹，讓喜愛貓咪主題的粉絲大為驚艷，於是李鴻祥在 2005 年正式創立「亨利屋家族」藝術品牌，在大台北設立專賣店，如今已有 6 間門市，行銷全球超過 15 國。作品也從單純的石頭貓延伸出許多類別，包括家飾、服飾、包包與文具等，圖像也加入狗狗、兔子等動物，深化作品內容，層次也更為豐富多彩。

李鴻祥在創作每個石頭貓時，都會賦予故事角色，並一筆一筆細細繪出毛髮、表情，有著擬人化模樣的神態表情；最經典的就是百貓圖系列，集結各式各樣的貓咪，是熱賣至今的系列作品。

喵喵館
限量 X 絕品，貓迷挖寶的天堂

貓臉包裝貓雜貨，統統帶回家！

想到貓雜貨，開店逾15年的「喵喵館」，是許多貓迷腦海中第一個浮現的專賣店，來到台北士林區必會造訪。細細品味店中琳瑯滿目的貓商品，有不少讓人驚豔之作，尤其是出自女主人 Sally 之手的插畫帆布包，更令人眼睛為之一亮！每隻貓圖像萌樣百分百，不少客人都是專為此而來。Sally 原來學的是服裝設計，但多才多藝的她，不僅擅於插畫設計、攝影創作，手工藝也一級棒，這些都化為自家品牌商品設計的優勢。

喵喵館最早推出的帆布包，即以東方元素的文字「喵」融入商品設計，採用貼布或繡線呈現圖案，至今已是經典款，甚至有不少外國的貓迷專程來此選購。館內也不時推出新款帆布包，近年的彩色貓型系列包就相當受到歡迎，大大的貓臉超吸睛！加上引進專業布料直噴機，可將設計圖案平整印製到布料上，觸感仍保持柔軟不粘黏，使得貓 T 恤、貓包包設計與色彩都更加精采。十分要求品質的 Sally，對帆布的布料與車工很講究，一個包包可用上數年而不壞，讓眾多貓迷一再回購搜集。除了自創設計作品外，喵喵館也有不少來自日本的貓雜貨，都是 Sally 從日本考察後引入，像是吉澤深雪的插畫瓷器、手工製作的和紙貓、與唱片製作合作獨家設計的汪喵 CD 等，不只數量有限，有的甚至已停產絕版，值得珍藏。🐾

01

01 不大的空間裡，放滿了貓主題商品，是貓迷們挖寶的好去處。

拼布系列四字貓帆布包，1,080 元。以中文字「喵」設計的帆布包，是不少外國人最愛的款式。

與唱片製作合作獨家設計汪喵 CD，單價 299 元。以喵聲灌製的音樂片，療癒係數百分百。

喵喵館

🏠 台北市士林區中正路 235 巷 30 號、24 號 (汪汪館)
📞 (02)8861-2551
🕐 10:30 ～ 20:00
📅 無特定公休日，於 Facebook 公告
🌐 Facebook 搜尋「汪汪喵喵館 WOW+MEOW」

貓臉包，單價 990 元。有多種貓臉及狗臉款式，亦可客製訂作。

貓爪票夾，單價 799 元。可放悠遊卡或做為吊飾使用。

貓臉 T 恤，899 元（短袖純棉 T）。有多種貓臉及 T 恤款式可選。

貓臉口袋長背心，990 元。女性柔美風格，有粉紅、綠、藍、咖啡、黑色款。

（左）隨意包，單價 429 元。（右）手拿喵包，單價 459 元。有著低調的趣味性，十分百搭。

吉澤深雪的插畫瓷器，
已絕版，數量不多。

拼布開襟背心，980 元（女
款）。外搭的好配件，有粉
紅、藍、咖啡、綠、黑色款。

以壞壞貓製作的
插畫棉 T，799 元。

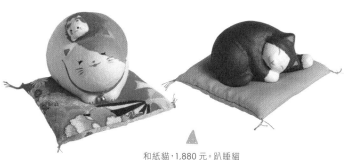

和紙貓，1,880 元。趴睡貓
款，Sally 由日本進口，售
出不一定再進貨。

壞壞貓掛袋，1,780 元。由
日本藝術家米田民穗設計
的貓系列，頗具個性化的
設計，風靡全球。

029

喵～好累喔！
今天可以
收工了嗎？

三貓小舖
充滿峇里島風情的逗趣貓木雕

小提琴貓咪，單價 100 元。多款貓咪花色。

老屋、貓咪，猴硐的美麗一景

　　已進駐猴硐逾 3 年的「三貓小舖」，有著鮮明色彩的門面，店前並設有吉祥貓偶像，店貓小可愛常常在一旁陪伴，是遊客最喜愛留念的攝影畫面。三貓小舖最初從網拍商店創業，因為太多客人想要看看實品，於是開始以擺攤方式與客人實際互動，因緣際會碰到猴硐有老屋要出讓，讓三貓小舖在此生根發展。原本幾乎大半毀壞的老屋，在老闆的改造下煥然一新，搖身一變成為清新而明亮的空間，刷上白漆的牆面更突顯出商品陳列。

　　這兒的貓主題雜貨以峇里島貓木雕為主軸，形形色色，令人目不暇給，讓店中經常出現驚聲連連的「哇，好可愛！」讚嘆。其中有最常看到的坐姿貓、釣魚貓，還有強調頭型的大頭貓、拿著樂器的音樂貓、成為寵物碗的碗架貓……等等，款式多到數不完，而且許多樣貌是連峇里島當地都看不到、買不到的！原來，不少獨特的木雕貓款式是老闆在台灣設計、開發，再委請峇里島的工匠製成，不僅在色彩上有別峇里島，還有因應流行話題出現的角色，像是配合電影的英雄系列，就是超 Q 的英雄樣貌，像是鋼鐵人、蜘蛛人、蝙蝠俠、綠巨人等，常常賣到缺貨。

　　為了讓台灣藝文創作者有曝光的平台，老闆也引進本土插畫家、工藝師的作品在店內展售，商品型態有明信片、紙膠帶、帆布包、T 恤、飾品等，尤其是手作製品，每件皆不相同，很受客人青睞。🐾

01 三貓小舖的木雕貓有不少是自行開發設計，再委由峇里島製作，十分獨特。

01

▲
插畫布包，790 元。
寄賣商品，手繪製作。

▼
木雕寵物碗架，450 元。
早期商品，數量有限。

喵喵館

📍 新北市瑞芳區柴寮路 265 號（猴硐館）
📞 0986-116690
🕙 10:00 ～ 17:30
💤 無特定公休日，於 Facebook 公告
📷 尊重智慧財產權，未經允許店內不可拍照

店貓：2 喵
小叮嚀： 由於店內空間有限，請勿蹲下玩貓阻礙他人通行。

英雄系列，單價 200 元。以電影超人英雄為範本所設計推出的系列，極具幽默感。

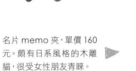

名片 memo 夾，單價 160 元。頗有日系風格的木雕貓，很受女性朋友青睞。

01 店貓「小可愛」常在店外蹓躂。02 插畫風卡套，單價 250～270 元。人氣商品，上班族最愛。03 榮獲三貓小舖最佳員工獎的「小可愛」，常常站在貨架旁任客人拍照，幫小店吸進滿滿人氣。04 店中處處有巧思，不過貓腳印似乎太大了？05 三貓小舖不僅自己有印製明信片，也引進插畫家的作品明信片。06 貓插畫撲克牌，單價 100 元。將貓插畫製作成撲克牌，張張都不一樣。07 貓圖紙膠帶，單價 150 元起。各款插畫貓咪圖案，包裝也精心設計。08 貓型皮件，單價 800～1,200 元。單純的設計，質感細緻，可客製訂作。09 店貓「黑妞」比較害羞，最喜歡趴在櫃檯前地板。10 小店裡放滿了各式各樣的木雕貓，等著識貨的人上門挖寶。

		03	04
			05
01 02		06 07 08	
		09 10	

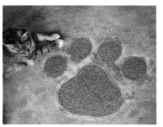

MAP P.148

金石工坊猴硐招財貓本舖
招來福氣、平安、金運，好事滿滿

店中的招財貓皆是金石工坊自
家工廠製作的瓷偶，做工精緻。

寶船進寶搖手貓，890 元（小）。以
電池為動力，亦可接線插電使用。

開運招福，諸願成就

　　走進猴硐聚落，處處可見貓的蹤跡，與貓
相關的小店舖也逐年增加，其中位於第 2 層
的「猴硐招財貓本舖」，就是間很有日本味
的小店。不只以原木打造濃濃的懷舊風情，
吸引過往遊人駐足，店外一尊滿面笑容的大
型招財貓，更是賞心悅目。這可是金石工坊
的鎮店之寶，也是遊客最喜愛祈願的對象。

　　猴硐招財貓本舖是金石工坊在台灣的第 3
間門市，每個分店各有特色，皆以笑口常開
的招財貓為主題。金石工坊於 1992 年在台灣
創立，早年台灣傳統產業紛紛外移，金石工
坊亦在中國設廠，將外銷實力拓展至對岸，
並打開精緻的禮品市場。近年來，台灣觀光
旅遊逐漸熱絡，金石工坊以自廠產品堅強的
實力，回台開設招財貓主題專賣店，與貓迷
們分享。而除了傳統的招財貓型態，金石工
坊也以不同訴求設計出多款精緻的招財貓，
從擺飾、掛飾到生活用品應有盡有，表情、

| 01 | 02 | 01 招財貓御守掛件，單價 360 元。作工細緻，送禮自用兩相宜。02 店貓「乳牛」在店中十分自在，是店家在猴硐收養的貓咪成員。|

姿態多樣化，唯一不變的是有著滿滿的笑容，
將開心、快樂感染周遭的人。

　　在日本，招財貓是招來福氣、情意、運氣，
並趕走穢氣的貓，依據不同訴求、配合空間
風格，設計出白貓、黑貓、黃金貓等，大小
尺寸隨你選擇，不論是送禮或自用，都能感
受到招財貓感動人心的好福氣！

金石工坊猴硐招財貓本舖

📍 新北市瑞芳區光復里柴寮路 249 號
📞 0963-770701
🕐 平日 09:00~17:30，假日 09:00 ～ 18:30
🍴 無
🚃 過天橋後循階梯往上，約在第 2 層可找到店家

店貓：1 喵
小叮嚀：進出店面注意店貓「乳牛」
是否在門旁，避免夾到貓咪喔。

金運招財貓,8,888 元(超大版)。
最適合做為開店祈運的吉祥物。

金運招財

開運大福貓,21,000 元(超大版)。有
多種尺寸成品,是金石工坊招牌商品。

壽公婆,店家珍藏絕版
品。有著滿滿幸福感的
老公公、老婆婆瓷偶。

01 02
03 04 05
06 07 08

01 風水球系列的招財貓,常被用在開業祈求生意繁盛。02 開運黑貓,單價 580 元起。可搭配空間設計擺設的黑色招財貓系列。03 2 樓咖啡座牆上貼滿了客人留下的祈願紙條。04、07 1 樓空間裡保留老屋部分磚牆,帶出懷舊氛圍。05 金石工坊的分店門口都設置一座祈願的招財貓。06 店家將樓板中間撤開,讓空間更加寬敞。08 富有日本懷舊風情的門面,讓人想入內探究一番。

鄉村叢玲　Natural Zakka Life
絕無僅有的異國設計夢幻逸品

攝影／李麗文

紅茶杯禮盒，單價 680 元。單只紅茶杯禮盒包裝，製作精緻，圖案精美。

貓杯墊，單價 200 元。以不織布材質製作的杯墊，可吸水氣隔熱。

店貓：1 喵
小叮嚀：店貓「賓賓」怕生，請勿隨意觸碰！

走到哪裡都有貓

　　隱身在大同區巷弄裡的「鄉村叢玲」，是一間販售各式生活雜貨與服飾的精品店。由於女主人玲十分愛貓，喜歡到處旅遊蒐羅跟貓咪有關的商品，也是 Facebook 有 20 多萬社員的「貓咪也瘋狂俱樂部 CrazyCat club」成員之一，常將挖到的貓寶上傳社團，引發社友熱烈反應。也因為太多網友希望能看到她四處挖寶的實物，於是尋覓了一處空間，做為「鄉村叢玲」的實體店舖。

　　走進店內，絕對會被琳瑯滿目的精品閃了雙眼，小從貓型飾品、貓鑰匙圈、貓掌湯匙、貓擺飾、貓錢包、貓杯、貓盤、貓偶、貓貼紙，大至貓抱枕、貓包包、貓 T 恤、貓襯衫、貓盒、貓衣掛、貓垃圾桶……幾乎所有想像得到的東西，都能在這裡找到。這些精品都是玲從國外蒐購帶回，一些特色小物尤其令人嘖嘖稱奇，像是貓感的面膜，除了有貓臉圖案，據說敷起來的觸感像被貓舌舔過呢！

　　玲最常去的國家以日本、泰國為多，她說這 2 個國家的設計商品都很有特色，有時還能在一些市集挖到藝術家的創作，但由於每款的數量實在不多，如果在店裡看到中意的作品，可千萬不能猶豫，否則轉眼之間就被別人帶回家，下次可沒同樣的東西上架。玲另外也找到一位印度藝術家，專為客人繪製動物插畫，以單色線條繪製搭配少許的色彩，卻有如照片般生動，也是店中詢問度最高的商品。🐾

鄉村叢玲 Natural Zakka Life

🏠 台北市長安西路 138 巷 3 弄 2 號
📞 (02)2558-9108
🕐 12:00 ～ 21:00
📅 無特定日，於 Facebook 公告
🌐 Facebook 搜尋「鄉村叢玲」。老闆娘時常出國掏貨，門市不定時公休

泰國設計師鑰匙圈，單價
380元。女主人在泰國創意
市集中無意間發現的獨特商
品，可惜所剩數量不多。

貓咪大頭零錢包，單價
150元。以超細膩的動畫
風格印製的貓頭圖案，流
行熱度不減。

肉球湯匙，單支280元。以
陶瓷製作，手工彩繪，最適
合當作咖啡攪拌匙。

躲貓貓鑰匙包卡夾，單價
690元。趣味的設計創意，
讓人會心一笑。

泰國設計貓帽，單價
650元。印製各種貓圖
的帽子，有多種款式可
選購。

貓咪馬克杯禮盒，680
元。手繪質感的馬克
杯，送禮自用兩相宜。

01 女主人常去日本挖寶帶貨回台，亦有代購服務。02 小店空間以
鄉村風布置。03 貓咪手機座，單價 690 元。坐姿造型的瓷貓，放
手機剛剛好。04 泰國設計貓咪襯衫，單價 1,280 元。絕不會撞衫
的精品服飾，件數不多。05 黑白貓咪馬桶刷，單價 490 元。即使
是清潔用品也不馬虎，是在乎生活品質貓迷必敗商品。06 印度畫
家訂製包，單價 1,100 元。客製化商品，由客人提供照片，委託海
外藝術家繪製。07 貓咪尾巴搖擺鐘，880 元。波麗材質，貓尾巴會
隨時間擺動。

01 02 ┊ 03 04 05
      ┊ 06 07

Miao~
喵寫真

番茄肉醬起司
番茄肉醬香腸

奶油香菇（奶油素司）
奶油培根
奶油爆雞
奶油香腸

清炒香菇（純素）
清炒培根
清炒香腸
清炒燻雞

焗烤 麵 / 飯

番茄肉醬
番茄肉醬培根
番茄肉醬燻雞
番茄肉醬香腸

奶油香菇（奶
奶油培根
奶油爆
奶油

人客，
跟著我點單準沒錯！
打賞就給一杯
「貓咪啤酒」
OK 的啦～

NT$ 260
NT$ 260

白醇奶茶
焦糖奶茶
黑糖奶茶
阿薩姆奶茶
慕司可可
法式牛奶
抹茶拿鐵
蜂蜜鮮奶茶
新鮮水果茶
貓咪啤酒
貓咪汽水

NT$ 240
NT$ 240

米食

紅酒燉牛肉
豬肉漢堡排

附紅茶乙杯，更換飲料折抵50元

DIY

Cat

Part 2

與貓藝術家來場溫暖的交流

刺繡、羊毛氈、帆布、玉石,這些素材都能創造出貓咪千變萬化的萌樣?沒錯,看看貓界藝術家們,如何描繪貓兒的杏桃大眼、酣睡、打哈欠、圓屁屁、肉肉貓掌⋯⋯的可愛姿態,瞬間融化你的心!不只如此,還有超熱血的一年一期義賣會,一起用絕妙好點子幫助更多流浪貓咪!

Nico・美型動物創意
Wool's 羊毛氈兒逗趣萌度 100%

客人訂製的貓型別針，
約 350 ～ 500 元。

攝影／李麗文

羊毛氈畫，依難易度價格從 1,200～3,000 元不等。

貓頭口金包，依大小 1,000～1,500 元不等。貓手鑰匙圈，單價 300 元。

貓臉卡夾，單價約 980～1,200 元。放悠遊卡及門禁卡最速配！

貓屁屁系列，此為磁鐵 680 元。十分療癒的貓型羊毛氈創品，詢問度超高。

此羊毛氈畫是 Nico 以家中貓咪為模特兒的作品，貓咪調皮的模樣令人莞爾。

02
01
03

01 擁有甜美笑容的 Nico，常在北部創意市集擺攤，對動物羊毛氈有興趣的人，不妨注意她在 Facebook 上的動態。02 羊毛氈作品越小越是難做。03 草原上的貓兒正仰望著天空，彷彿說著「好舒服的日子」！

　　遊走在北部的創意市集，有時會發現一個擺滿貓型羊毛氈的攤位，攤位上一隻隻超 Q 的貓咪小物皆是 Nico 的創作，有壁飾、鑰匙包、卡夾、零錢包、胸針、磁貼、吊飾、鑰匙圈等品項，每當客人逛到這兒總會驚呼「好可愛啊」，看到與家中愛貓一模一樣的款式，更是驚喜萬分，二話不說馬上帶回家！若是現場沒有相似的也不用失望，Nico 接受訂製要求，只要提供貓咪照片，就能做出相似度超高的貓咪作品。

　　Nico 原本從事教職，但一次學校的行政異動讓她不得不決定離開，轉投喜愛的手作領域，並開始學習羊毛氈製作，從基礎一步步跨入進階，製作技巧益發成熟，甚至拿到師資證書。喜歡動物的 Nico 最愛創作動物系列，由於自己養貓，貓咪就成為 Nico 最擅長

創作的類型，常以各形各色的花貓設計卡夾與零錢包，或以貓咪肉肉的腳掌做成鑰匙圈或吊飾、別針。近期 Nico 更創作一系列貓屁屁的作品，瞧瞧這圓滾滾、腿短短、翹尾巴的貓屁屁，總讓人忍不住戳戳看呢！Nico 以多年的羊毛氈製作經歷，創作出各種美型動物，不只廣受好評，也讓她獲邀 2016 年在樹樂集展出創作，屆時別忘了前往欣賞！🐾

靈魂人物：Nico Chen
聯絡方式：搜尋 Facebook「【Wool's】羊毛氈兒」
網址：woolmade.pixnet.net/bolg

Osborn & Momo 為喵星人打造專屬豪宅

Momocat · 摸摸貓的手作貓家具

這是由一對愛貓的年輕夫妻所創立的貓用品品牌，最初男主人 Osborn 因為想為家中愛貓尋找一個合適的貓跳台，但觀察到坊間的貓跳台品質不一，不是太過昂貴，就是品質粗糙，於是想自己動手做做看。他將完成的第一組作品放上 Yahoo 拍賣，沒想到引起熱烈迴響，不少愛貓人詢問是否可以幫家中愛貓訂做，引發他們走向創業之路。

成立之初，台灣幾乎沒有專門客製化貓跳台的工坊，而 Osborn 原是從事資訊管理，放棄高薪大膽創業，也慢慢從客人的反應與回饋，摸索建立起自己的品牌「Momocat・摸摸貓」。對於貓跳台，Osborn 不斷地研發與創新，希望為每位客人打造不一樣的成品，除了考量主人的預算外，也期望每隻貓咪都能喜歡上專屬跳台，即便遇上困難也要想辦法達成任務，因為最大的受惠者就是可愛的貓咪啊！

Osborn 希望做出來的成品不僅要美觀，還要符合貓咪的習性，像是貓抓板就是必備的項目，加上高高低低的層板，讓貓咪生活擁有更多樂趣；而在主人方面，則要有耐重、易裝、好清等特性。作品從小型的貓跳台，到大如房間的貓櫃、貓城堡，都讓愛貓族恨不得家中也做上一組。目前 Osborn 家中有 8 貓 1 狗 1 鳥，都是最佳的試用員，每款研發出來的新品，都必須經過牠們的考驗後，才能正式推出呢！🐾

麻繩球，單價 100 元。可配合家中的設施自行固定，讓貓咪玩耍。

貓瓦楞 Villa，585 元。目前有 2 種款式，是最環保的貓屋（圖片提供／Momocat・摸摸貓）。

小型犬貓餐桌，依大小從 380～850 元。可讓愛貓不用一直彎著頭進食。

	02
01	03

01 因為喜歡貓咪而開始製作貓跳台的 Osborn，沒想到因此開啟他的創業之路。02 開設工廠後，也在老家開家咖啡館，希望讓人們能愛上貓咪。03 自製的貓草玩偶讓貓咪愛不釋手，單價 100 元。

客製化的大型貓跳台，可說是貓豪宅！

靈魂人物：游騰億 Osborn& 吳涵嫣 Momo
聯絡地址：新北市五股區凌雲路三段 20-6 號（工廠）
聯絡方式：02-8292-5457 網：www.momocat.cc
注：此非店面，謝絕參觀，如欲參觀可前往實品展示店「摸摸貓咖啡館」（P.122）

李鴻祥‧石頭彩繪藝術風潮的先驅
亨利屋 Henry Cats & Friends 的細膩世界

攝影／李麗文

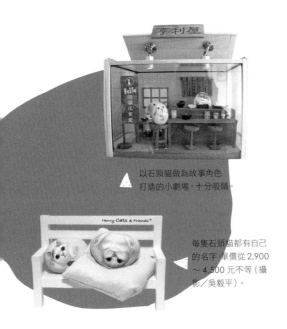

以石頭貓做為故事角色打造的小劇場，十分吸睛。

每隻石頭貓都有自己的名字，單價從2,900～4,500元不等（攝影／吳毅平）。

01 02 03

01 李鴻祥（Henry Lee）老師創作石頭貓時，都會構思許久，特別注重貓咪的表情神韻。02 每隻原創石頭貓都是李老師的心頭寶，目前無對外販售。03 可在亨利屋的門市購買到復刻版的石頭貓，皆是純手繪製作，限量發售（攝影／吳毅平）。

靈魂人物：李鴻祥 Henry Lee
聯絡方式：搜尋 Facebook「Henry Cats & Friends 亨利屋家族」粉絲團
網址：http://tw.henrycats.com

　　提及彩繪石頭貓，藝術家李鴻祥（Henry Lee）老師可說是在台灣極早開始創作者，這些石頭貓有著蜷縮的身軀、大大的雙眼、微笑的表情、細緻的毛髮，在在令人難以抗拒，總要駐足欣賞許久。李老師原為許多動畫卡通的背景美術指導，在一次選禮物時得知國外導演朋友與他一樣愛貓，於是繪製貓咪在石頭上致贈，讓朋友十分感動，也讓李鴻祥開始他彩繪石頭貓的創作生涯，創造了石頭彩繪的藝術風潮。

　　為了讓石頭貓有好的基底，李鴻祥多年來常到戶外撿石，發現適合的玉石就欣喜不已，他尤其對花蓮的原石最為讚賞。撿到玉石後，還需要許久的時間來構思創作，由於每個玉石截然不同，也因此，在繪畫過程必須配合石頭的紋理、色澤、形狀、大小等構圖繪製，一筆一筆地勾勒出草稿，慢慢上色，一直反覆堆疊、畫上色彩，並將貓咪的毛髮表現出立體感。李鴻祥認為創作中最困難的部分，就在最後一階段，要畫出生動的眼睛，畫對了就能讓整個作品栩栩如生；為此，他常常跑遍有貓的聚落觀察貓咪，像是九份、猴硐等等，並將貓咪的影像帶回工作室，做為日後創作的依據。

　　近年李鴻祥自創亨利屋家族品牌，以他繪製的石頭原作做為商品設計的圖案，延伸出許多周邊商品，並擔任品牌的藝術創意總監，以過去動畫背景美術指導的專長，帶領藝術團隊設計情境主圖，結合石頭貓創作出各種系列商品。如今想擁有一顆李老師親手繪製的石頭貓珍藏並不容易，因為石頭貓大多成為老師自己的收藏品，如同自己的兒女般，十分呵護珍惜呢！🐾

Davis • 愛貓版主的貓型羊毛氈

Davis 玩生活展現萬分可愛的貓萌樣

別小看這個招財貓，內藏玄機！加入銅板增加底部重量，讓招財貓就像不倒翁。

因為與愛貓生活的甘苦經歷，Davis 先成立「貓咪也瘋狂俱樂部」網路社群，之後轉至 Facebook 設立同名社團；也因為貓咪，她開發了自己的羊毛氈創作之路。Davis 學的是藝術油畫，出社會後從事網頁設計，開暇時十分喜愛烹飪烘焙、縫紉等手作，由於最初想為自己做一隻與家中愛貓一樣的擬真羊毛氈貓咪，因此開始摸索、學習，也讓她跨入羊毛氈手作行列。學習羊毛氈技法一段時日後，Davis 發現自己還是最喜歡創作貓咪，因為做貓咪羊毛氈，她開始仔細觀察貓咪的各種面向，更覺得貓咪萬分可愛！

貓掌筆套是課程中最受歡迎的主題課程，費用 920 元，含筆套與吊飾 2 項。

貓罐頭系列是新加入的課程。

貓咪平面畫，是系列課程中的平面羊毛氈應用技法。

由於 Davis 有深厚的美術底子，創作出的貓咪羊毛氈讓人愛不釋手，於是她設立了羊毛氈工作室「Davis 玩生活」，起初分享給 Facebook 社員製作過程，沒想到太多社員想要學習製作，於是 Davis 開始籌備羊毛氈手作課程，特別是針對這些愛貓的社友。目前每個月約有 2 至 4 堂課，有擬真動物系列、主題體驗課等，最受歡迎的課程就是可愛到不行的「貓掌筆套」，以「跟貓咪借一隻手？」的概念為課程主軸，還有貓型零錢包、招財貓等主題課。Davis 表示，上課前最好先準備好自己想做的貓咪照片，接著挑選合適的羊毛色，構思動作、表情，就可以開始動手做囉！課後同學們的貓咪成果展，更讓大家直呼：「真的做出來了，太可愛了！」🐾

01 | 02 03

01 Davis 以開課方式，讓貓迷們自己也能創作貓型羊毛氈。02 屬於中階難度的貓臉大肩包，需費時 2 天 2 堂課，費用約 3,380 元。03 喜歡擬真貓頭項鍊嗎？從基礎課開始，做出像樣的貓頭吧！

靈魂人物：Davis
聯絡方式：davis0924@gmail.com
網址：www.facebook.com/crazycatdavis/

Hannah
一針一線構成的貓咪刺繡畫
漢娜繡生活 Hannah's embroidery 寫意不受限

攝影／李麗文

接受客人訂製的貓咪刺繡畫，單價依大小有 4 吋刺繡畫 1,580 元、5 吋刺繡畫 2,580 元之分。

小小的鑰匙圈內有著細細刺繡的貓刺繡，製作時很費眼力（圖片提供／Hannah）。

Hannah 以純木棉布做為刺繡底材，能突顯出刺繡的圖案（圖片提供／Hannah）。

刺繡時用的繡框亦可做為刺繡畫框，將手作質感表露無遺。

　　初次看見「漢娜繡生活」的貓咪刺繡時，不免被那閃爍絲絲光澤的貓咪圖像所吸引，在台灣，刺繡這項工藝較少做為主角，專以此創作的人並不多，尤其多以貓狗為主角的刺繡創作更少。Hannah 的刺繡不似日本常見的可愛風的刺繡技法，而以歐美服裝設計中常用的 Modern embroidery 風格見長，這種有如畫意般的構圖與線條，在創作動物圖案時，最能表現出全身毛髮特色，使得 Hannah 深深喜歡上這項刺繡技藝。

　　過去為了照顧家中 3 位小朋友，Hannah 不得不做為專職家庭主婦，並用餘暇做手作。之前專攻布包縫紉，但有感於發揮設計十分有限，刺繡運用也僅在局部使用；思考後並觀摩國外刺繡家的創作，加上想到自己喜歡貓咪的優雅姿態、大而神祕的眼瞳，還有萌萌的表情，因此選擇先以貓咪做為創作對象。沒想到創作作品上傳到 Facebook 上後，引起不少粉絲迴響，也正式開啟了她的刺繡生涯。

　　Hannah 覺得 Modern embroidery 的創作較無依循，沒有太大的限制，因此發揮的空間相當大，可將動物照片做為線條繪製的參考，在布料上打好草稿，再一針一線縫出圖案，以此法能創作如繪畫般的畫意，完成後成就感十足。雖然 Hannah 的刺繡資歷不深，但憑著念建築學系的底子，她擅於繪製線條構圖，對創作 Modern embroidery 十分有利，目前也接受客製訂單，將客人給予的照片，化為一幀幀毛小孩刺繡畫。Hannah 很喜歡這種不受限的創作，也會繼續挑戰刺繡新玩法！🐾

```
     02
01      04 05
     03
```

01 Hannah 喜歡 Modern embroidery 的刺繡風格，可盡情揮灑創意。02 在襯衫繡上貓咪，讓平凡無奇的衣物瞬間成為焦點。03 刺繡畫開始製作前須繪製線條稿，將照片去蕪存菁。04、05 刺繡在襯衫上須考量布料的特性，以素色襯衫表現最佳。

靈魂人物：Hannah
聯絡方式：搜尋 Facebook「漢娜繡生活」
網址：www.pinkoi.com/store/sweetpeas

Renee、Karen、Cloud Yun
用絕妙好點子照顧更多浪貓
好窄貓的熱血義賣會

圖片提供／小草

即便是簡單的貓咪紙膠帶也花盡心思包裝。

邀請插畫家協助繪製的
塗鴉繪本，裡面的貓咪
插畫十分有趣。

▲
2011 年的桌曆，是廣邀貓
迷提供貓咪美照的成果。

02	04	
01	03	

01 由 3 位女生組成的「好窄貓」小團體，以一
期一會的義賣方式幫助流浪貓。02 貓咪紙膠帶
是 2015 年所發售的義賣品（攝影／李麗文）。
03 逗趣的貓插畫讓帆布包也生動起來（攝影／
李麗文）。04 貓咪帆布包是 2014 年的義賣品，
好窄貓貼心地加上側背帶，用途更多元。

▲
非常實用的貓咪筆記本。

　源於對家中寵貓的愛，Renee、Karen 姊妹
從收養友人家被欺負的 miso 後，對貓的關愛
越來越深，於是找了好友 Cloud Yun 決定為
流浪貓做件事。2010 年首次推出桌曆義賣，
在許多人的支持下圓滿達成目標，義賣所得
扣除印刷成本後，全數捐給流浪動物之家。
隔年，不少曾經購買桌曆的朋友紛紛詢問：
「今年是否有義賣呢？」讓這 3 個女生決定
每年展開一期一會的義賣活動。她們把這個
小團體命名為「好窄貓」，意指雖然貓咪跟
著她們居住在台北的狹小空間裡，但在充滿
關愛的呵護下，雖然沒有豪宅，卻有好命的
快樂生活。

　曾為收養 miso 鬧家庭革命的 Renee 提到，
養貓後她才深深明白貓咪有多融化人心，連原
本反對的家人，後來都對 miso 寵愛不已，真的
超療癒！因此，她希望這份愛能推及其他流浪
貓，聯合姊妹好友利用工作之餘，一起發想絕
妙點子。第一次的桌曆製作邀請眾位好友提
供愛貓照，之後每年皆推出一項義賣，像是尋
找插畫家協助繪製筆記本，設計繪本內的插畫

塗鴉可愛又有趣，推出不到 3 天就售罄。這樣
熱情的回饋支持，讓她們深受感動，下定決心
每次都要做得更好。

　好窄貓在 2014 年推出帆布包，讓認購人既
能發揮善心，又能夠得到美觀實用的成品。
2015 年則首次嘗試設計紙膠帶，把迷路、迪
普西、土佳／李小逸、ArtStock、Ti 仔、U
Li 六位風格不同的插畫家繪製的貓咪圖，印
製到紙膠帶上，完成富有故事感且玩心十足
的作品。雖然過程困難重重，但成果出來，
讓她很有成就感，也讓粉絲們都很期待下
一次推出的商品。好窄貓未來計畫成立一處
有貓咪相陪，也有貓創意商品的空間，期待
這個夢想能早日實現！🐾

靈魂人物：Renee Liu、Karen Liu、Cloud Yun
聯絡方式：搜尋 Facebook「好窄貓」
網址：lovecat.wearfood.com/2015/
註：義賣活動會公布在 Facebook 粉絲團，想要為流浪
　　貓盡份力，可隨時關注粉絲團動態

Love

Cat

與萌貓相約

在咖啡館

Part 3

　　午後的暖暖陽光下，與貓咪相約吧。慵懶、撒嬌、任性、
討摸摸……在風格小店中，盡覽貓咪的各種迷人姿態，不
只能擁貓入懷，日久生情還能認養貓咪！冬日暖陽的午後，
來杯有著濃濃奶泡的貓咪拉花拿鐵＆熱壓可頌，聽著貓咪舒
服的呼嚕聲，享受美好的相伴時光。

極簡咖啡
最自在的貓咖啡館

以極簡貓咪為模特兒的插畫手札,是極簡的獨家商品。

處處有風景的貓世界

　　師大商圈有間在校園旁小巷裡的極簡咖啡，從 2000 年開業至今已有 15 個年頭，可以說是相當資深且知名的貓咖啡館。非常喜歡貓咪的老闆娘，常常帶著愛貓黑毛到咖啡館，漸漸地黑毛越來越習慣店裡的生活，成為咖啡館第一店貓。2005 年時為了協助貓中途之家、為流浪貓盡份力，咖啡館開始照顧中途貓，貓口曾經多達 40 隻，還好有不少愛心人士認養貓咪，讓貓兒有個溫暖的家，目前留在店裡的貓咪約 18 隻左右。

```
    02
       04 05
    03
01
```

01 整個咖啡館就是貓咪的生活圈，溫暖的吧台區是貓咪的最愛。
02 很愛撒嬌的「小愛」，一看到老闆娘來就黏上去。03 「平平」是隻個性活潑的公關貓才，口罩花色是牠的標誌。04 四處蹓躂的「小捲」，擁有亮眼的毛色，很適合入鏡做貓咪模特兒。05 總是呼呼大睡的「A 比」，最愛靠近結帳櫃檯的紙箱窩。

極簡咖啡

📍 台北市大安區泰順街 2 巷 42 號
📞 (02)2362-9734
🕐 12:00 ～ 23:00
🛌 無，特殊情形在 Facebook 上公告
Ⓦ www.facebook.com/ 貓孩在極簡極簡咖啡館 -271265149663167/

類型：簡約風
店貓：7 喵以上
小叮嚀：不可攜帶寵物入內。

各式咖啡與茶飲、果汁，份
量適中，能滿足客人所需。

走入極簡，溫暖的燈透投射在咖啡館裡的每個角落，貓咪們各自有個老地方，無論在櫃檯、客座沙發、餐桌、貓台上，都能發現牠們的蹤影。為了讓貓咪有個不受打擾的空間，咖啡館的後方設置了陽光屋，屋頂採用透明玻璃，引入陽光，是貓咪們最喜歡的空間；冬季陽光普照的日子裡，櫃子上一定排滿了打盹的貓咪。為了館內的貓咪健康，在咖啡館入口處，也設置了一個隔離區，剛收留的貓咪會在此處觀察一段時日，待注射預防針後，才能加入咖啡館貓群。由於這裡的貓口實在太多了，客人難免記不住名字，不過有幾隻貓兒的個性非常特別，讓人馬上就有記憶點，像是最喜歡睡櫃檯的虎斑貓「A比」，全身玳瑁色斑紋、最愛向老闆娘撒嬌的是「小愛」，還有像戴口罩、最活潑的「平

平」，常常在店中走來走去，可以看到牠不時換位置賞景，還會到客人身邊討抱抱，是最佳的公關「貓才」！老闆娘說：「就是有了這些貓兒，讓喜歡貓咪的客人不斷回來報到呢。」

除了提供各式飲品外，極簡咖啡的輕食也頗獲好評，招牌的有迷你脆皮三明治、司康三明治、麵包披薩、手工餅乾等，份量豐盛，不少客人會特地前來享用早午餐。此外，極簡也常與愛貓人或團體舉辦公益活動，將所得資助關懷流浪動物的團體，比較大型的活動像是每年舉辦的義賣會，會募集支援，邀請眾人前來參與。近期的活動「貓布孤單」，即是邀請葉慈慧老師舉辦手做拼布展，並與學生捐出作品義賣，十分有意義。🐾

01 極簡的餐點以精巧為要，以「司康三明治」來說，一手即可拿取品嚐。02 一杯咖啡一份手工餅乾，就能悠閒度過美好的午後時光。03 極簡的空間主要有 3 個區塊，讓客人保有一分寧靜。04「圓圓」常常流連在咖啡館前區，喜歡看著窗外的景色。

Dayan Cafe 達洋屋
瓦奇菲爾德家族的冒險旅程

奇妙國度的貓咪繪本世界

　　東區巷弄裡，有間以日本知名畫家池田晶子老師創立品牌「瓦奇菲爾德」（Wachifield）的台灣代理專賣店，2 樓則是以故事中主角「達洋」（DAYAN）為名的咖啡館。池田老師最初以皮革創作為主，在名聲漸顯時，成立以瓦奇菲爾德為名的皮革製品設計、生產工廠，為了讓瓦奇菲爾德有個代表性的商標，她將埋藏在心中的故事「達洋」與不可思議國度「瓦奇菲爾德」做為品牌的主軸，並於 1987 年開始創作瓦奇菲爾德和達洋貓的故事，至今已出版多本《瓦奇菲爾德》系列繪本，旗下品牌也以故事中的角色設計出商品，深受貓迷們喜愛。「瓦奇菲爾德」有著日系精品的高質感與細緻感，且不時推出限量版精品，是十分具增值性的收藏品。

　　目前台北的「瓦奇菲爾德」1 樓為品牌精品區，循著繪有故事中主角達洋壁畫的階梯至 2 樓，即是「Dayan Cafe」。咖啡館空間頗有英式古典風情，牆上掛著《瓦奇菲爾德》故事中的複製插畫，還有大大的「薇妮拉」貓偶，是貓迷最愛拍攝的對象，開業 2 年多來，已有不少瓦奇菲爾德的粉絲專程前來朝聖。《瓦奇菲爾德》吸引人之處，在於故事裡的主角達洋與這個國度裡的人們，生活中充滿魔幻、有趣、古怪的事情，越是深入了解，越會被這不可思議的故事迷住。咖啡館也把故事場景布置於天花板上，讓粉絲感受一下這魔幻故事魅力！

01

01 達洋屋的空間沉穩大方，很適合三五好友相聚聊聊。02 店中展示瓦奇菲爾德出品的珍藏，有不少是絕版逸品，坊間少見。

02

▼ 門口庭院的大隻公仔貓咪，就是故事中的主角「達洋」。

Dayan Cafe 達洋屋

🏠 台北市敦化南路一段 187 巷 55 號 2 樓
📞 (02)2779-0083
🕐 12:00 ～ 21:00
休 週一
Ⓦ www.wachifield.com.tw/wf2.html 或 Facebook 搜尋「Wachifield Taiwan 瓦奇菲爾德台灣」
🐾 咖啡館無真貓，假日用餐限制 2 小時

店中使用的茶具皆是
瓦奇菲爾德的精品。

不只有著吸睛的空間布置，Dayan Cafe 的餐飲表現也不俗，尤以帶有故事特色的 Dayan 造型蛋糕系列最受歡迎，例如「巧克力水果夾心蛋糕」就是主角達洋的造型，「香草水果夾心蛋糕」為薇妮拉，「提拉米蘇慕斯」則是達洋的好友瑪西。而搭配的咖啡也很有瓦奇菲爾德風，拿鐵咖啡以達洋大大的雙眼為圖案，摩卡咖啡用貓咪腳印做裝飾，提拉米蘇咖啡則是達洋身影，每當咖啡端上桌時，客人總是捨不得破壞畫面，先拿出相機拍下這一刻再說。餐點方面則提供義大利麵、石板手工披薩、焗飯等，此外，點心熱鬆餅也十分有人氣，剛烤好的鬆餅加上 Haagen-Dazs 冰淇淋香氣四溢，而且 C/P 值超高。🐾

盛裝蛋糕的盤子有的是絕版品，無法購買，只能趁此機會好好欣賞一下。

01	02		
03	04	07	08
05	06		

01 以故事中主角為藍本製作的糕點，十分吸睛，一定要拍照後再入口！02 咖啡奶泡上也設計貓型圖案，讓人捨不得破壞。03 牆上掛的是故事繪本中的複製畫，也有幾幀手繪稿。04 1樓入口處大大的絨布玩偶，很有個性。05 喜歡瓦奇菲爾德的貓迷可別錯過1樓的精品區，件件讓人讚嘆！06 掛在店中的擺尾掛鐘，可愛得讓人移不開眼光！07 達洋屋裡處處有故事。08 咖啡館特別設了一個陽台區，不喜歡冷氣的朋友可以在此用餐。

貓咪先生的朋友
有夢最美的貓樂園

貓咪會檢查包包喔！

從內湖搬到東區巷內的「貓咪先生的朋友」，與「Toast Chat」（P.080）是姊妹店，最初在內湖開店時因收留一隻貓，店裡編制內開始有了店貓長。2011 年遷移到忠孝東路巷內，貓咪也跟著一起遷職，不過目前擔任貓店長的是可愛的虎斑貓「小羊」，是老闆在林森北路發現的流浪貓，被撿回收留，因為會發出「咩～」的叫聲，因此取名為小羊。

店裡其他 3 隻店貓也是從街上收留，或是員工自己收養的流浪貓，因為天天跟著主人來上班，適應良好，也深受客人喜愛，就留在店裡常駐了。除了貓店長小羊，這 3 隻店貓分別是十分嬌氣的虎斑貓「招娣」，很有貴婦命愛睡的蘇格蘭摺耳貓「小三」，還有活潑親人的白靴黑貓「黑妹」，每當客人坐下，4 隻貓咪就會好奇地靠近打量，還會檢查一下客人帶來的包包，聞一聞陌生的氣味，這模樣讓人覺得十分可愛，不禁打趣：「在查什麼呀？查到違禁品就送給你吧！」喜歡貓咪的工作人員，也常常將裝食材的紙箱做成貓窩，讓貓咪有個安心的休息處。記得，當貓咪睡在紙箱時，千萬不要打擾牠們喔！

小羊

02　01 ｜ 01、02 帥氣十足的「小羊」叫聲非常可愛，不時「咩～咩～」地叫著。

店內使用的水果盤，是特別的貓型碟子。

貓咪先生的朋友

台北市大安區大安路一段 83 巷 7 號
(02)2731-8387
平日 11:00 ～ 23:00、假日 10:00 ～ 23:00
春節初一至初三、特殊情形公告 Facebook 上
不接受 12 歲以下孩童入內

類型：美式鄉村風
店貓：4 喵
小叮嚀：為避免貓狗間糾紛，禁止攜帶寵物入內。

牆上掛的攝影作品,是
老闆為最初愛貓留下的
美照,充滿愛的畫面十
分動人。

01　03　│　05　06
02　04　│　　　07
　　　　│　08

01 「裝不下早午餐」套餐組十分豐盛,麵包、黃金煎蛋、雞排、火腿、薯餅、水果、現打果汁,營
養 100 分。02 「雞肉杏鮑菇燉飯」以義大利米燉煮,需要耐心等待。03 「水蜜桃蘋果冰沙」是
夏季熱賣飲品,有著濃濃的果香。04 自製的菜單本頗有設計感。05 「小三」的貴婦氣質表露無
遺。06 「黑妹」有著讓人艷羨的美麗亮眼毛色。07 「招娣」有著嬌媚女的個性,惹人疼愛。08
不喜一致性的裝設風格,讓空間充滿趣味性。

店中有不少寄賣的貓咪雜貨,數
量不多,喜歡就別猶豫囉!

　　咖啡館空間並不大,卻裝修得很有特色,
內裝主要以溫暖的木質家具布置,靠近窗邊的
一面牆刻意刷上黑板漆,除了做為店家推薦菜
單板,也畫上可愛的插畫,還貼上了客人的留
言條,每次都讓人好奇想靠近瞧瞧大家留下什

麼悄悄話!特別推薦這裡的早午餐及義式燉
飯,燉飯是用生米烹飪,因此需要點耐心等
待。「貓咪先生的朋友」不僅食材用心,餐具
也配合著貓主題餐飲,也以貓型盤子、馬克杯
盛裝,讓貓迷們心動不已想統統帶回家!🐾

小三

黑妹

招娣

小春日和
貓咪優雅走台步

點杯貓咪拉花拿鐵搭配熱壓可頌吧！

　　走進以美食著稱的延壽街，沒多久就能看到小春日和清爽的白色招牌，簡單幾筆的幽默插畫與綠意木籬的小院，點出這是一家兼具日系優雅況味，以及北歐簡約風格的寵物咖啡館。踏進店裡，清雅的木質感是空間的主調，隨處可見各式各樣的貓咪擺飾小物、貓公仔與雜貨，非常吸睛也充滿文創特色，肯定讓喵迷們為之瘋狂。

02
01

01 跟隨店長一起上班的店貓們，也有專屬的位置。02 雖然店裡的貓咪們已習慣與狗狗相處，但帶入店裡的狗狗仍要遵循店規，記得穿上禮貌帶喔！

小春日和

🏠 台北市松山區延壽街 361 號
📞 (02)8787-6920
🕐 11:00 ～ 21:00
💤 不定休，公布網頁與 Facebook 上
🌐 www.springday.tw
🐕 帶狗進入店內，狗狗須穿著禮貌帶

類型：日系簡約風
店貓：4 喵
小叮嚀：可帶寵物入內，但請遵守店內規定。

咪嚕

什麼

安妮

妃麗

店喵不可抱

01 怕生的「咪嚕」喜歡待在貓房間,這是不受外人與寵物干擾的獨立空間。02「什麼」是隻聰明的貓咪,會依店長的指示動作。03 超萌的「安妮」不論怎麼拍都好看,心情好時還會強吻客人呢。04 有著傻大姐個性的妃麗,喜歡窩在吧檯,翻肚皮討摸摸。05 咖啡上可愛的貓咪拉花,可特別指定款式。06「甜在心吐司」是人氣招牌點心,酥鬆的吐司與冰淇淋交疊,有著雙重享受。07 小春日和的氣氛溫馨可人。

店中擺放了店長收集的貓小物擺飾，大多是非賣品。

　　小春日和的喵招牌，首推 4 隻店貓。而店貓中，誰是最有人氣的萌主呢？論外型、儀態、觀眾緣，當然是溫馴可愛的白色摺耳貓「安妮」奪得萌主地位，彷彿從繪本裡跳出來似的，天真無邪的圓圓眼，軟綿綿如絨毯的純白貓毛，光是站在吧台上定定地與你對望，就足以令人為之融化！美國短毛摺耳貓「咪嚕」有著一身粗獷的斑紋，卻是不折不扣的玩具控，像個長不大的小男孩，最喜歡跟客人玩著磨牙的遊戲；黑白賓士貓「什麼」戴著精緻的領帶項圈，宛如風度翩翩的小紳士，當牠在窗台邊凝望時，猶如一幅定格的童話畫面，讓人移不開目光；挪威森林長毛貓「妃麗」，宛如全身毛變長的狸花貓，躺在貓籃裡頗有幾許時尚慵懶味道，若蹲臥在咖啡桌上，與長毛貓咪面紙盒相似度高達 99％！

　　4 隻店貓經過店長調教訓練，舉止從容，步履端莊優雅如同走伸展台；最令人訝異的，是牠們都聽得懂指令，可以聽話溝通，而且對人非常和善親切，也能跟狗兒玩成一片，完全不會演出炸尾、貓拳的全武行場面。讓人更感到神奇的，是店貓們都很會看鏡頭，簡直是天生的模特兒啊！

　　咖啡店在拿鐵上拉花不稀奇，小春日和的拿鐵可以指定拉花貓咪圖案，有乖巧併爪大頭貼與招財貓 2 種，非常可愛傳神，讓愛貓人捨不得飲下！點杯貓咪拉花拿鐵搭配招牌熱壓可頌，是公認的午茶絕配。點心類特別推薦「甜在心」，是在烤得色澤誘人的吐司上，加一球美味冰淇淋，可享受冰火交融、甜美與酥脆共舞的奇妙滋味。🐾

Toast Chat
與貓兒共進早午餐

在貓蹤跡裡找到美味配方

隱身在東區國父紀念館附近巷弄內的「Toast Chat」，是間很有風味的咖啡館，與「貓咪先生的朋友」咖啡館（P.072）為姊妹店，開業至今已 2 年有餘。老闆最初在內湖開設輕食早餐店，沒想到店外一隻街貓每日固定到店裡報到，慢慢成為店裡的一份子，更是早餐店元老級店貓；之後店鋪從內湖搬遷至大安路巷內，即是「貓咪先生的朋友」咖啡館（P.072），「Toast Chat」則是第 2 間拓店。

「Toast Chat」以工業風設計空間，低調的色彩鋪陳，加上老闆收集的復刻家飾品布置，並融合溫暖的木作，牆上還有老闆拍攝的店貓圖像，充滿協調的設計感。咖啡館當家的要屬 5 隻米克斯貓咪，這 5 隻貓咪分由不同方式及地方至此，有從街上收留的，也有是員工收養的街貓跟著主人一起來上班後，反而留下來不走了！

01 堪稱店中第一貓模的「阿男」，膽子較大，常常是第一位靠近客人的店貓。02 入店先別急著找貓咪，待坐定後，貓咪會自動找上門。03 「冰淇淋法式吐司」甜甜的口感，配上一杯咖啡剛剛好。04 咖啡館前段設有大型的會議桌，最適合一群好友聚會，也是貓咪最愛活動的區域。05 可得瞧仔細了，貓咪在哪兒？

| 01 | 02 |
| | 03 04 05 |

Toast Chat

🏠 台北市光復南路 290 巷 58 號
📞 (02)2721-5661
🕐 週日至四 12:00 ～ 24:00、週五至六 12:00 ～ 01:00
休 無，特殊情形隨時公布 FB 上
注 目前不接受訂位服務、低消為每人 200 元或單點一杯飲料

類型：設計風
店貓：5 喵
小叮嚀：為維護店貓及顧客安寧，不接受 12 歲以下小朋友入場。

寄售的貓咪馬克杯，有好幾種
圖案最適合嗜咖啡的愛貓族。

「火腿水波蛋套餐」豐盛
程度絕對讓人驚艷！

　　店中的貓老大是虎斑紋的「薇兒」，具有公主風範的是三花貓「黑比」，個性慵懶的是黑白相間的「半甲」，常常趴趴走巡視地盤的是橘貓「阿男」，還有最近才入店的超齡小貓「麥麥」。5貓在偌大空間裡活動十分充裕，加上座位間距寬敞，讓客人與貓咪的互動更輕鬆，可取用店家的逗貓棒，逗逗貓咪，享受與貓親近的時刻。親人的店貓有時會主動靠近客人，有沒有貓緣看此就知。

　　看到店名中有Toast一字，一定會猜到餐飲的招牌跟吐司有關，沒錯！這裡的早午餐很澎湃，豐盛程度一點也不輸給五星級飯店，因此熟客都知道要吃早午餐來這兒準沒錯。招牌的吐司套餐，有冰淇淋法式鮮奶吐司、招牌丹麥吐司、火腿水波蛋套餐等，特別是水波蛋處理得蛋滑、起司醬濃，口感極佳，深獲好評。「Toast Chat」善於利用不同食材組合變化，即便是輕食起家，也樣樣不馬虎，不僅料多味美，份量更是十足，所以不少客人即使並非衝著貓咪而來，也要來享受豐盛的早午餐，但貓咪所帶來的閒適感，可是其他早午餐館無法取代的呢。🐾

01 02 | 03 04 | 01 貓咪可以說是好奇寶寶前段班，總要聞聞、瞧瞧後才罷手。02 離開座位時要小心看看周圍，可別踩到貓咪囉。03「黑
      05 | 比」常常躲在莫名的角落，讓人找不著。04 霸氣的「薇兒」是貓群老大。05「半甲」常坐在客人旁。

喵吧咖啡廳
療癒系貓咪主題空間

花媽

黑妞

小芝麻

讓粉紅色肉球療癒你的心

在南京東路五段的清幽巷弄裡，超療癒的喵吧咖啡廳隱身其間。若非專程探訪，平凡的外觀很容易讓人忽略；但當你被那方黑色招牌裡，豎著旗杆尾的貓咪剪影吸引駐足，進而打開大提琴守護的喵吧大門，截然不同的北歐風貓咪天堂正等著你光臨！

在喵吧，貓咪不只是主題，更是這處空間的真正主人。威嚴的三色貓「花媽」是這兒的母親角色，天然呆的「小芝麻」是傻呼呼憨貓，窈窕神祕的「黑妞」負責跟壁貼黑貓一起搞花來人的眼睛，美麗的狸花貓「Beauty」有著粉紅色的療癒系肉球，隱藏版的「藍寶」大多隱身於樓梯下的「異次元零干擾空間」。老闆娘透露，店貓都是認養來的有緣貓，5 隻貓咪、5 種花色、5 種個性，但每隻貓咪都樂於與人親近（偶爾現身的藍寶亦是），而且各有死忠粉絲支持！愛貓如子的老闆娘特別請熟客插畫家為 5 隻愛貓繪製貓肖像，有寫實版、Q 版還有充滿想像力的變身擬人版，充分展現牠們耐人尋味的個性與特色，成為喵吧的話題焦點。

01 「花媽」有著坎坷的身世，甚至差點截肢，還好被搶救下來，堅強地挺過傷病。02 有神偷癖好的「黑妞」，最喜歡偷走客人飲料杯裡的吸管。03 年輕的「小芝麻」常常坐著坐著，就睡著了。

01
02
03

喵吧咖啡廳

🏠 台北市南京東路五段 123 巷 1 弄 11 號
📞 (02)2753-1011
🕐 平日 11:00 ～ 21:00・假日 09:00 ～ 22:00
🛌 週二，特殊情形公告於 Facebook 粉絲團
Ⓦ www.facebook.com/meowbar1

類型：北歐風
店貓：5 喵
小叮嚀：禁帶狗狗入內，禁止餵食人吃的食物給貓咪。

收到客人寄來的信，是
老闆娘最快樂的事。

貓咪們在線條俐落明快的咖啡廳裡走跳，無論是高高蹲在跳台上，或以 CATWALK 走上層板漫步，或是跳上咖啡桌討摸摸，都自成風景。歡迎來玩的朋友溫柔撫摸毛茸茸的肚肚、腮幫子與頷下，傾聽療癒滿點的呼嚕聲，感受貓兒散發的溫暖能量。賞貓、玩貓之餘，別忘記打開老闆娘以精心挑選貓咪圖案花布親手製作的可愛菜單，不論早午餐、午餐、下午茶、晚餐，每道餐點都有老闆娘精心妝點的貓咪印記，就連咖啡杯也是特別尋覓的黑白貓咪造型對杯，讓人愛不釋手。

用貓咪杯盛裝的咖啡，似乎更好喝了！

在忙碌的上班日常裡，不妨偷得半日空閒，在喵吧舒適簡約的北歐風空間裡，抱著溫馴親人的貓咪享用美味餐點；或是點一杯貓頭貓腦的熱咖啡，打開一本很久以前就想看的好書，悠悠哉哉地看一眼喵寶貝、讀一行好文章，享受一段輕鬆忘憂的美好時光吧。🐾

「喵吧鬆餅」口感極佳，是
下午茶最佳選擇。

01	03
02	04

01 店中菜單都由喜歡手作的老闆娘自己製作，從頭到尾都有貓。02 跳上貓通道的「黑妞」，化身忍者，是玩躲貓貓的高手！03「藍寶」是個害羞的小女生，想一親芳澤可不容易。04「Beauty」非常活潑，喜歡跟客人一起玩玩具。

安和 65
藝文與貓的美好時光

令人回味的藝術展演空間

東區鄰近仁愛路圓環的安和路，比起周遭的忠孝東路、仁愛路寧靜不少，喜歡貓咪的女主人 Julie 原本打算在這兒開設醫美診所，考量之後，卻決定「開間自己喜歡的餐廳吧」！Julie 在愛貓小雪因病驟逝後，到猴硐散心，因此牽起與猴硐流浪貓的因緣。也因為開了「猴硐貓散步 219（Empress Gallery）」（P.136），陸續收養了猴硐流浪貓，結識很多藝術家、音樂人及愛貓人，於是想在台北開一間有貓的結合餐廳藝廊 live house 的複合空間，也就是現在的安和 65。

一開始到安和 65 的 3 隻貓是小月、三三和路易斯，但三三因車禍離開，之後從猴硐認養了妹妹。目前店貓由黑白賓士貓小月、美國短毛貓妹妹、虎斑貓路易斯擔任。工作人員笑說，小月遇事不亂十分淡定，妹妹個性溫馴但較為強勢，喜歡窩在接待櫃檯或客人座位，是最佳的坐檯貓；路易斯個性害羞，很喜歡在 1 樓的小廳睡午覺，不時看看經過店前的路人。

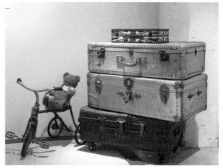

	02
01	03
	04

01 愛坐在櫃檯的「妹妹」是店貓老大。02、03 餐廳空間充滿濃濃工業復古風，布置的老件是老闆娘多年來的蒐集品。04 店中販售 Pepe 桑的授權商品，深受貓迷喜愛。

安和 65

📍 台北市大安區安和路一段 65 號
📞 (02)2706-6565
🕐 12:00 ～ 21:00
休 週一
💬 舉辦活動或包場公布於 Facebook 粉絲團上

類型：復古工業風
店貓：3 喵
小叮嚀：進出大門請注意貓咪，若貓咪跑出門，請馬上通知工作人員！

01 今天當班值日生「妹妹」有點不稱職喔，怎麼懶洋洋的？ 02 淡定的「小月」神經比較大條，常常觀察四周。 03 「路易斯」生性害羞。 04 「貓麵」因食材中有大量的海鮮料而得名。 05 「藍莓醬沙拉」以藍莓醬做基底，吃來爽口不膩。 06 「番茄慢燉豬頰肉」是新菜色，豬頰肉軟嫩，一咬即斷。

01	04
02 03	05
	06

餐廳的酒品以 Pepe 桑的
畫作製成酒標。

安和 65 的內裝很有型，以工業風打造設計，加上主人 Julie 收藏的老物件，像是木馬搖椅、羅馬數字立鐘、車站長木椅、老煙囪、舊皮箱、鐵製文件櫃、幼童三輪車……等，巧妙地融入空間，頗有人文風景之感。Julie 希望安和 65 不單以提供餐飲為目的，而是結合藝廊、表演複合式功能，開店以來，已邀請不少藝術家展覽，像是以畫貓出名的 Pepe 桑即是一例，Julie 後來更成為 Pepe 桑台灣區的藝術經紀人，因此可以看到安和 65 留有不少 Pepe 桑的原作。餐廳也不定時安排藝術表演，同時固定在週五晚間安排音樂晚餐，在享用美食時，也能享受到美妙的音樂。

不只如此，店內提供的餐點越來越豐富精緻，不少上班族都選擇來此聚餐。招牌餐點有安和 65 貓麵，以及新近推出的番茄慢燉豬頰肉，貓麵其實就是以義大利麵為食材，加入各式海鮮拌炒，最後撒上蔥花，有點類似台式的乾炒麵；番茄慢燉豬頰肉則是套餐一項主菜，微辣的豬頰肉燉煮到軟嫩，一咬即斷，是想吃得豐盛一點的最佳選擇。此外，Julie 在親訪坪林茶區時，喜歡上這裡的茶，因此精選幾款茶品，包括包種茶、東方美人茶、蜜香紅茶、青翠綠茶，做為店中招牌茶飲「坪林山丘茶系列」，清香甘醇，等你來品嚐！🐾

義式咖啡是創作貓咪拉花的好素材。

讀貓園
充滿愛的貓咪送養中途餐廳

「漢克 & 湯姆」是
感情超好的兄弟檔。

01 書房區光線明亮,是貓咪享受陽光浴的好地方。
02 以店貓為藍圖設計的貓頭菜單。03 設在送養區的貓跑步器,讓有限空間裡的貓咪好好活動一下。

02　03

01

落難貓咪的暖暖天堂

讀貓園位於捷運麟光站附近,步行約 4、5 分鐘,交通相當方便。其實讀貓園並非單純獨立存在的咖啡館,依循「貓以類聚」的原則,有貓咪駐店的讀貓園咖啡館棲息在 2 樓,樓下是多恩寵物商城,樓上則是清靜的貓咪遊樂園．希望館貓咪旅館,形成一處愛貓人在 1 樓逛街購物、上 2 樓抱貓喝咖啡,以及出差、返鄉時,讓心愛貓咪入住過夜的安心所在。

其實,店主開辦讀貓園並非只為了多一間可以抱貓、玩貓的咖啡館,真正的目的,是將從收容所營救來的貓咪,暫時安置在透明玻璃隔間的送養區。送養區空間寬敞,採光良好,並設有貓窩、跳台等設備,貓咪將在這兒逐步熟悉家貓的生活環境、接受居家必須養成的生活習慣訓練,以及培養與人類互動的心理基礎。對於歷經坎坷、命運磨難的貓咪而言,讀貓園精心布置的這處「中途之家」,無疑是落難小貓的天堂。

讀貓園

📍 台北市和平東路三段 370 號 2 樓
📞 (02)2736-9898
🕐 12:00 ～ 21:30
休 不定休。公布 Facebook 粉絲團上,可上網搜尋 facebook「讀貓園」
Ⓦ www.taipei-cat-hotel.com/

類型:溫馨風
店貓:5 喵
小叮嚀:勿使用非店裡提供逗貓棒跟貓玩,勿餵食非店裡販售的貓零食。

貝蒂

漢克

Shadow

咪咪
奶奶

「貓咪愛吃格子餅」以四片鬆餅、鮮奶油、水果組合，是人氣商品。

店家會在夏季熱賣的果汁飲品放上杯蓋，以防調皮的貓咪來偷喝。

01　「漢克」除了睡午覺，也喜歡四處逛逛。02　「貝蒂」愛撒嬌，是不是很萌呢？03　「Shadow」是親人的白貓，喜歡窩在客人腿上。04　「咪咪奶奶」是從收容所搶救出來的大齡貓咪。05　待在隔離空間送養區的幼貓，等待有緣人給牠們一個家。06　由店主妹妹烘焙工坊製作的點心，美味無比。07　空間裡有許多貓咪裝飾物，大多由客人或認養人所贈送。

01	02	
	03	06
04	05	07

　　除了送養小貓，讀貓園也歡迎大家來貓咪咖啡館分享愛貓之樂。牆上擬真的彩繪貓咪，猛一看會讓人以為真的有貓坐在那邊！咖啡館內現役店貓，大多都非常溫馴而且對人十分友善，彷彿聽得懂人語呼喚，甚至會主動跳上客人腿上蜷成一團，立刻切進睡眠模式，每每令慕名而來的客人嘖嘖稱奇。退役的店貓，則轉到 3 樓貓咪旅館養老去也。

　　打開讀貓園的貓頭型菜單，咖啡、下午茶、簡餐一應俱全，若是只想墊墊肚子，建議鎖定甜點出手，因為是由店主妹妹的烘焙工坊製作，新鮮美味一級棒！由於店主熱愛文學又從事小說創作，讀貓園提供全館免費無線上網，歡迎大家來這兒抱貓 K 書、閱讀與創作。另外，館內還會不定期舉辦各式藝文課程，相關消息則在臉書粉絲專頁公布，而20 餘席位的咖啡館空間，還會提供小型活動場地租借服務，適合舉辦新書發表會等活動，歡迎藝文圈朋友多多利用。🐾

小貓花園
貓咪無所不在的遊樂園

小貓花園有老闆旅行時尋到的貓雜貨，少量販售。

Mini

01 | 02
   | 03
   | 04

01 堪稱最佳貓麻豆的金吉拉貓咪「漂漂」。02「Mini」與侯佩岑一起拍過佳麗寶保養品廣告。03 具有霸氣個性的金吉拉貓咪「老大」。04 賓士貓「花花」總是埋頭大睡。

老大

今天想選哪位貓主人作陪呢？

 位於捷運芝山站旁的「小貓花園」，是台灣寵物餐廳創始元老，從 1998 年開業以來，已有 18 個年頭，貓迷們提到貓咖啡館，就一定會想到這裡。當初老闆夫妻倆要開咖啡館餐廳時，只想說要有個主軸作主題，因為自己養了貓咪，靈機一動，「來開間貓咖啡館吧！」的念頭就成形了。剛開業時，小貓花園「僅」有 5 隻貓咪駐店，沒想到第一年就暴增貓口，而且大多是認養而來，讓貓咪陣容更為強大。小貓花園曾接受過各大媒體報導，名氣不小，店內其中一隻美國短毛貓「蛋蛋」還拍過 HOLA 年中慶廣告，白色波斯貓「Mini」則與侯佩岑拍攝佳麗寶保養品廣告，雖然只出現短暫的時間，但貓咪一露臉就吸引眾人目光。

花花

小貓花園

📍 台北市士林區福華路 129 號
📞 (02)2835-3335
🕐 12:00 ～ 22:00
休 不定休，公布 Facebook 上
W www.facebook.com/ 小貓花園 -269994893071803/
注 安全考量，國中以下孩童禁止進入，並禁帶狗狗入內

類型：熱帶風情
店貓：18 喵左右
小叮嚀：店內禁用閃光燈，若想餵食貓咪，請向櫃檯購買寵物零食。

099

從國外帶回來的木雕貓，十分少見。

店裡提供各式飲品與輕食簡餐，簡單但不馬虎。

01	04	06
02	05	07 08
03		

01 小貓花園的座席不算少，店貓也頗多，容易獲得貓咪的注意。02 座位區刻意擺放了貓窩，讓貓咪主動在此休息，但看到貓咪睡覺可別故意打擾喔。03 空間裡到處都有貓咪，可說是貓迷的天堂。04 「蛋蛋」拍過 HOLA 年中慶廣告，出色的表現讓人難忘。05 桌子常被佔據，但客人一點也不會不高興，貓兒要走還會捨不得呢。06 「DIDI」的好奇心旺盛，總是主動靠近。07 貓咪喜歡靜靜地觀察客人動態。08 與貓咪一起成長的店狗「斑比」，個性溫馴。

第一次來到小貓花園的貓迷，一定會疑惑：「店裡怎麼有狗狗呢？」原來，多年前熟識的寵物美容院帶來一隻黃金獵犬的幼犬，表示要送養，老闆瞧著黃金獵犬媽媽身形不算大隻，於是收留下狗狗，那隻害羞的小狗就是「斑比」（Bembi）。斑比跟貓咪相處融洽，只是現在已年老，店內就交棒給另外 2 隻年輕的米克斯狗狗。在小貓花園，最棒的一點就是貓咪都不太怕生，很容易跟客人親近，也因為貓口很多，不用擔心沒貓陪人，貓兒各自有習慣休息的地方，想與哪隻貓作陪，就選定牠休息的位置坐下吧！但貓咪有時也

不想理人，所以老闆特地在店中間設置貓屋，以大片的玻璃窗間隔，貓咪知道這裡客人不能進來，有時就會跑進來睡覺呢！

小貓花園的餐點品項算是十分齊全，主要提供西式餐飲，如義大利麵、焗烤飯、簡餐等，搭配各式咖啡、茶飲、冰沙與果汁。值得一提的是點心蛋糕，有不少出自於老闆娘之手，多年下來也擁有不少熱愛甜點的忠實粉絲。不過，這些美食都敵不過貓咪的召喚，貓兒只要一有動作，所有的客人都會火速放下食物、跟貓咪互動，吃的就先擺一旁囉！🐾

元氣貓主題咖啡

與緬因貓來場午後約會

眾多貓咪圍繞的幸福時光

捷運芝山站附近，有一家「元氣貓主題咖啡」，十分特別的是這裡的貓咪皆為品種貓，尤其大部分為緬因貓，這種貓咪在台灣並不多，但能在同一處看到這麼多的緬因貓齊聚一起，十分難得。緬因貓是北美洲極早自然產生的長毛貓品種，原產地在美國東岸緬因州附近而得名，體型極大，個性溫和活潑，因而還獲得「溫柔的巨人」美譽。或許是原產地的冷冽氣候，讓緬因貓有著蓬鬆濃密的毛髮來隔絕低溫，並演化出巨大的體型，尤以杏桃電眼、濃密胸毛特徵最為鮮明。

元氣貓主題咖啡的蔡老闆，原本在中山北路上開設寵物店，提供貓咪美容與住宿，並在 2 樓經營貓咪主題咖啡館。之後因為地點與人力因素收起咖啡館，改在芝山站附近選點開設貓主題樂園，後來把貓樂園與咖啡館性質合併，成為現在的元氣貓主題咖啡，讓 23 隻貓陪客人一起度過美好的下午時光。目前店中除了緬因貓外，還有捲耳貓、波斯貓、金吉拉等，

最受客人歡迎的有捲耳貓兄弟檔「虎皮捲」與「銀絲卷」，最有威嚴感、像位國王俯視著眾貓的是大斑紋的緬因貓「Ali」，不愛規矩坐著的玳瑁色摺耳貓則是「丫頭」……個個都有自己的特色，客人絕對不會弄混了；唯一的困擾，應該是無法把貓群的名字都牢牢記住吧！

01	02 04 03 06 　 05

01 元氣貓主要成員多為緬因貓（攝影／李麗文）。02「小強」鼻頭的毛色十分特別，像不像白鼻心啊？03 捲耳貓「虎皮捲」的耳朵是不是很特別呢？04「丫頭」是隻玳瑁色的摺耳貓。05「小花兒」擁有美麗的三花色。06 頗有威嚴感的大老「啾比」。

元氣貓主題咖啡

📍 台北市士林區德行西路 93 巷 2 弄 13 號
📞 (02)2835-3336
🕐 平日 14:00 ～ 22:00．假日 12:00 ～ 21:00
休 週一
💲 採預約制，須來電訂位，並有最低消費金額 200 元

類型：溫馨家庭
店貓：23 喵
小叮嚀：不可攜帶寵物入內，為避免交互傳染，請使用店中的逗貓棒，勿帶家中貓用品。

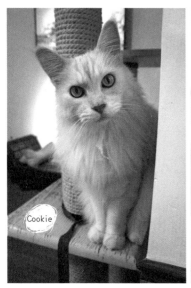

Cookie

燒餅

為貓精心設計的貓跳台與空中通道，讓貓咪也能玩得開心。

新的貓樂園空間並不大，以公寓民宅 1 樓做為咖啡館，在空間設計上必須費盡巧思。老闆特別為貓咪規劃了空中通道，讓貓咪不落地就能穿梭數個空間，有時會發現貓咪在通道上排排趴著，一隻隻的尾巴在空中晃啊晃，有趣的景象讓人會心一笑。除了空中通道，貓咪最愛的區域，還有以玻璃圓桌為中心的座位區，把桌子、椅子全佔住，好像宣告著：「這是我的地盤，要我移位？一旁等著吧！」目前店內提供各式飲料及日式簡餐，客人最常點用鬆餅搭配草莓歐蕾、抹茶歐蕾，假日時客人較多，需多點耐心等候，不過有貓作陪一點也不無聊。🐾

彎彎

銀絲卷

虎皮捲

01 02 ┃ 06　01 乖巧的「Cookie」正好奇地偷看著（攝影／李麗文）。02 「燒餅」是隻阿比西尼亞貓咪，個頭嬌小（攝影／李麗文）。
03 04 05 ┃ 　03 點一份下午茶就能與貓咪共度美好時光。04 看見這麼多的貓大頭照，感覺像不像選美比賽？05 被眾多貓咪圍繞的
幸福感，實在無與倫比。06 排排坐的好麻吉。

Tiere 堤杺咖啡
歡迎來貓貓家作客

人類與毛孩子都有好食

Tiere 堤杗咖啡會選在板橋文聖街這裡，店主說：「主要是因為附近有公園，可以帶著狗狗去散步。」果然是視毛孩子如子呢！1 樓加上地下室面積廣大，足供開設複合式經營的寵物咖啡廳＋寵物餐廳＋寵物雜貨＋寵物美容＋寵物住宿，所有毛孩子相關服務幾乎全包了。

堤杗的店貓有 6 隻，常會在咖啡桌上散步，客人也很習慣咖啡喝一喝，突然走來一隻大貓坐在桌上，聆聽大家聊八卦，聽累了還會直接躺下來呼呼大睡。細數鎮店貓兒們的特性：渾身雪白、沒一根雜毛的「卡布」，儀態雍容，是隻穩重高雅的貓咪；沉靜優雅的三色貓是「瑪奇朵」；同樣全身無一根雜毛的黑貓「啦吉」，神經質且易受驚嚇，想用鏡頭捕捉牠的神采，實在有難度；夏天剃毛顯得頭特別大的「呼呼」，要看出他原本的橘色虎斑需要點想像力；花色近似玳瑁的「苣苣」極為害羞，只可遠觀難以特寫焉。店主對 6 隻店貓疼愛有加，黑貓「啦吉」甚至有自己的肖像畫呢。

02　03

01

01 呼呼與卡布最喜歡向客人撒嬌。02 怕生的「苣苣」常常窩在貓宿舍裡。03「瑪奇朵」喜歡站在高處俯瞰客人。

Tiere 堤杗咖啡

🏠 新北市板橋區文聖街 207 號 1 樓
📞 (02)2250-1377
🕐 平日 11:00 ～ 21:00、假日 11:00 ～ 22:00
休 週一
Ⓦ www.facebook.com/tiere.pethotel

類型：溫馨風
店貓：6 喵
小叮嚀：勿使用非店裡提供逗貓棒跟貓玩，勿餵食非店裡販售的貓零食。

　　6 隻店貓平時在店裡自由活動，一到放飯時間就會回到各自的套房用餐，現場客人無疑參與了一場「貓咪用餐實境秀」。不只店貓受寵，店狗也一樣備受疼愛，大型店狗享有睡在沙發上的特權，中小型店狗肩負咖啡店地板巡邏的責任，管理咖啡桌底下的場域，以桌面為界，做為與店貓勢力範圍的區隔，彷彿各自為政，十分有趣。

　　在餐飲方面，堤杯的菜單有分客人與寵物 2 種。客人菜單包括特製義大利麵與焗烤類餐點、中式簡餐、三明治套餐，以及特調冷熱飲品。特別推薦輕食──雞肉漢堡排，雞肉含軟骨剁碎拌入，營養百分百。寵物貓咪餐名堂可就更多了！主要以魚類為主，採用天然食材，完全不加人工食品與調味料，滿足貓咪謹慎挑食的天性，提供更為完整的營養。堤杯所銷售的各類寵物食品都是經過篩選，自家店貓、店狗都在食用的，才敢放心推薦給客人呢。🐾

01 清爽明亮的空間，讓貓咪們充分享受自由時光。02 可愛的寵物美容牌價表。03 貼心設計的貓宿舍，目前有對外開放貓咪寄宿喔。04 給自家貓狗用過滿意後，才推薦給客人的寵物用品。05 漢堡排中混有雞軟骨的「雞肉漢堡排」。06「馬子狗」其實是夾德式香腸的麵包輕食。07「水果茶」是歷久不衰的茶飲品項。08 寵物餐不添加調味劑，讓寵物吃得健康無負擔。09 逗趣的日本貓啤酒，想嚐看看嗎？

A Day · 日日村

攝影 X 雜貨 X 美食，咖啡館結合攝影棚超吸睛

抽屜裡有貓咪睡翻天！

在永和仁愛公園對面，有間日系雜貨風情調的咖啡館「A Day·日日村」，小巧的庭園設了露台，上頭放著木馬搖椅與小學課桌椅，一看就知道這是為小朋友設計的場所；原來喜愛攝影的老闆，為了要拍小朋友，將咖啡館與攝影棚結合，開了這間咖啡館，有趣的是店貓進駐後，粉絲團拍貓的比例大增，都怪貓星人太可愛了啦！

日日村的大門是老闆好不容易掏到的老件，比打造新門的費用還高出許多，但給人的感覺就是不一樣！推開木門一眼望去，以白色為主的空間，搭配棕色架構出日系風格，咖啡桌乃是用小學課桌椅改造而成的，一坐下去會發現矮了一截！原來，老闆考量拍攝小朋友時的視角問題，空間內的家具大多降低高度，才不會遮住小朋友大半身體。為了讓空間有雜貨市集的感覺，特別在角落設計製作小小的餐車吧台，讓兒童站在這兒拍照，扮演麵包店員的角色，拍攝效果很吸睛。

 店中寄售的貓咪插畫明信片，鮮豔的色澤引人注目。

各種尺寸的貓咪明信片，價格也容易入手。

 木質製作的貓型尺，裝飾兼具實用性。

01 | 01 目前咖啡館僅有一隻店貓「圓仔花」。

A Day·日日村

🏠 台北市永和區仁愛路 279 號
📞 (02)2925-7699
🕐 13:00 ~ 21:00
休 週一，特殊情形於 Facebook 粉絲團公告，請搜尋「A-day-日日村」
🈳 假日 17:00 前用餐限制 2 小時

類型：日系雜貨風
店貓：1 喵
小叮嚀：請勿攜帶寵物入內。

店貓「圓仔花」是隻黑白色的美國短毛貓，十分調皮，最喜歡的位置是櫃檯的玻璃櫃裡，常常睡得翻天，客人點單時都可以看見她翻肚肚的睡姿。咖啡桌下的抽屜層也是圓仔花會窩的地方，如果一開始沒注意到，用餐途中貓咪探出頭來，肯定會被嚇到！不過要是把握機會，就可以近距離觀察圓仔花可愛的模樣，等牠睡醒，馬上就來場親密互動！

日日村提供的美食十分美味，主要有輕食、定食、甜點、飲品，最受歡迎的 A day 烤餅，有德式香腸、迷迭香雞 2 種口味；輕食搭配的麵包種類更是不少，有帕尼尼、烤三明治、軟法起士堡、堅果雜糧麵包等可選擇。不想吃多時，也可選擇定食裡的太陽の塔，以日式定食的鹽烤鯖魚、醬燒牛肉或唐揚等口味，拌上太陽蛋，十分美味！在日日村除了拍照、玩貓、喝咖啡、吃美食，店內精選的雜貨小物也令人讚賞，恨不得全部帶回家。此外，也不時安排手作課程，最常開的課以皮件 DIY 為多，既實用又有保存價值。🐾

圓仔花

01	02 03 04
	05 06 07

01 「圓仔花」是隻黑白相間的美國短毛貓，十分調皮。02 日系雜貨陳列在空間裡營造出濃厚的鄉村風情。03 以舊木窗隔出區域空間，很有味道。04 出入大門要小心別讓店貓溜出去了！05 無論大人小朋友都喜愛的「蜂蜜檸檬蘇打」。06 推出的新菜色，用麵包蘸醬汁吃最對味。07 「A day 烤餅」口味有德式香腸及迷迭香雞肉，今天你想選哪一道？

私藏不藏私
貓與自然風雜貨的美好空間

在白色木窗前沉思的貓店長

位於捷運景安站附近巷子裡的小店「私藏不藏私」，如果沒有刻意尋找，還真的不容易發現！好在咖啡館獨有的特色風格，吸引不少愛好生活雜貨的人專程前來尋寶。喜歡攝影的老闆，最初只是想為自己收藏的相機找個搭配的皮套，卻一直找不到合適的款式，便打算自己做，因而踏入了皮革工藝的世界。

對於相機皮套，老闆自有一套獨到的見解，可為客人量身打造相機套，細緻的作工與皮質、色彩的出色搭配，完成後總讓人讚不絕口。當初老闆決定開個相機皮套工作室，因此找到了現在的店址，不過空間大於原本的需求，「還能多做點別的！」他想起，在日本曾看到的日系雜貨開店型態，正是他想要的感覺，於是打造出「私藏不藏私」現在的模樣。店內的鄉村風裝設全部都是老闆自己來，以白色為基調，局部的粉藍與蘋果綠，加上收藏的古道具，整體氛圍十分出色。對於外觀也不馬虎，在白色木窗前停著一台淡藍色的老偉士牌機車，是不是就像國外風景明信片一樣令人著迷呢？

```
          02
          03
01
```

01 有著濃郁日系雜貨風格的私藏不藏私，是間以生活雜貨結合餐飲的複合式咖啡館。02 色彩繽粉的抹茶拿鐵，男女老愛。03「普切塔」套餐，份量十足又沒有過多的油脂，適合想吃飽又吃巧的客人。

私藏不藏私的菜單以木砧板為底，很有鄉村風味。

私藏不藏私

📍 新北市中和區景安路 167 巷 6 號
📞 (02)8943-3173
🕐 平日 13:00 ～ 21:00、假日 11:00 ～ 21:00
休 週一，特殊情形公布於 Facebook 粉絲團上，請上網搜尋「私藏不藏私」
🈺 假日用餐 11:00 ～ 17:00 限時 2 小時

類型：日系雜貨風
店貓：1 喵
小叮嚀：為避免店貓跑出去，大門較重，請小心推開。

115

老闆說，開業 4 年多，每日陪他上下班的就是美國短毛貓 Money，從小貓至今升格招牌貓店長，有不少客人專程為了牠來呢。但這個店長有著我行我素的個性，到哪都能呼呼大睡，有時看到牠睡在桌上，有時又跑到椅子窩著，醒著時則最愛到窗邊看著從店前走過的路人，一副「咦！這位阿姨我是不是看過妳啊！」的表情。老闆也常拍攝 Money 的動態，發布到粉絲團上，引起貓迷們熱烈回應；每到節慶時，老闆還會以 Money 的照片製作特別版名片，連老客人都搶著收藏。

除了手工製的各式相機皮套外，店內還有生活類的皮製小配件，而從日本帶回來的器皿雜貨也十分亮眼，常常一上架就被掃光。老闆也會邀請手作設計師設櫃，品項繁多，可得花點時間逛逛。不只雜貨迷人，私藏不藏私的餐點也是吸引客人前來的原因之一，樣樣都是老闆花了許多時間精心設計，主要分成鹹食套餐、下午茶套餐以及單點類，其中人氣餐點第一名是鬆餅，醬汁有巧克力、草莓優格、楓糖漿，再配上冰淇淋，大大滿足甜點一族，新推出的法式蔓越莓派則採用鑄鐵平鍋烤製，上桌後香氣四溢，想必也會成為人氣餐點！🐾

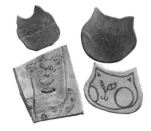

貓咪皮製胸針，好看又
平價，自用送禮皆宜。

貓咪皮製卡套，可掛
在包包上隨時取用。

|　05
01　02
　03 04

01 Money 目前 5 歲，常常看見牠懶洋洋的
模樣。02 私藏不藏私歷年來推出不同的名
片，還有節慶版的樣式。03 老闆自製的皮套，
可客製化訂作。04 將製作皮件使用的老工
具，做為陳列道具。05 咖啡館後段是廚房吧
台區，也延續整體風格。

貓咪圖案環保袋，圖
案簡單又不失設計感。

野喵中途咖啡
翻轉貓咪命運的轉捩點

每隻貓咪都睡翻的快樂地

怎麼有隻橘貓大剌剌地躺在店家的涼椅上，而且睡得那麼熟，肚皮都快要朝上翻曬到太陽了，會不會太不可思議啦？這兒是三重知名的「野喵中途咖啡」，有專屬的野喵管理室，還真的有值班貓咪，名字就叫做「沒禮貌」。是不是覺得怪怪的？進去瞧瞧便知道了。

踏進野喵中途咖啡，裝潢清爽簡約，牆面上繽紛多彩的貓咪壁貼，以及各式各樣的貓咪大頭貼照片（人物都成了配角），而咖啡桌上睡翻的大貓更是常見絕景！甚至很多客人拉椅子時，就會看到黑貓睡成一團黑月亮；拉開另一把椅子，黑白花大貓也睡得不醒貓事……這樣的情境，天天在此上演。

| | 02 03 |
| 01 | 04 |

01 庭院的流浪貓也常來討食休息，成為另一種店貓。02 感情好的貓麻吉等待有緣人認養。03 等待認養的收養區，可以讓貓咪安心休息。04 進收養區前，先了解館內守則吧！

野喵中途咖啡

🏠 新北市三重區集英路 65 號
📞 (02)2857-8282
🕐 12:00 ～ 21:00
休 週一
ⓘ 認養資訊請至 Facebook 搜尋「野喵中途咖啡」

類型：溫馨可愛風
店貓：6 喵
小叮嚀：想跟店貓互動須進入另一隔間，並避免貓咪與其他寵物接觸。

01	02	04
		05
03		06

01 Kusi 是隻盡職的貓店長，常常照顧新進的中途貓。02 咖啡館中多達數百種的貓雜貨，是另一亮點。03 咖啡館主要可分為 2 區，一般座席及收養區座席，帶寵物的客人就不能進入收養區內囉。04「香蕉巧克力鬆餅」華麗程度，令人眼睛為之一亮！05「紅酒燉牛肉飯」融合西式與台式作法，好吃！06 夏季最暢銷的「冰滴咖啡」常常供不應求。

野喵中途咖啡的老闆娘許小野，原本開設服飾店，後來想轉行餐飲業，就決定從咖啡館出發，展開創業第二春。但是要開什麼樣的咖啡館呢？幾經研究，她決定開一間結合咖啡、簡餐，以及送養中途喵咪、宣導 TNR（貓咪結紮）的複合式貓咪主題餐廳。在這兒，大家可以跟貓咪玩耍，選購店主精心挑選的貓咪雜貨，最重要的是可以認養流浪貓咪，給牠們一個幸福溫暖的家！開業迄今 3 年，野喵中途咖啡一直不遺餘力地推廣「用節育代替撲殺，用領養代替購買」，希望大家一起努力，留給下一代一個尊重生命、更臻善美的小島！

店裡 6 隻可愛的店貓已逐漸打開知名度，尤其被封為「人氣小鮮肉」的店長 Kusi，堪稱店裡的活招牌，超級上相！其實，Kusi 曾是街頭的棄養貓咪，被人撿到後想送養卻送不掉，帶回家偷偷養了半年，後來撐不下去、發文求救，才由野喵中途咖啡領養。現在的 Kusi 健康、開朗、充滿自信，十分幸福快樂。來店裡陪貓玩順便用餐，店裡的招牌冰滴咖啡搭配香蕉巧克力鬆餅，是人氣不衰的經典組合；玩餓了，老闆娘精心烹調的紅酒燉牛肉飯，用料實在，值得品嚐。🐾

貓掌香皂成分天然，
人與寵物皆可使用。

咖啡館多達數十種的貓圖案
貼紙，可愛得讓人難以選擇。

大容量的貓頭包十分吸
睛，是貓迷的必備行頭。

MOMOCAT 摸摸貓咖啡館
為愛啓動的創業夢想

插畫家 Marion Tsai 以禪繞畫方式繪製的明信片。

建造貓居所的夢想地

位於捷運徐匯中學站的「摸摸貓咖啡館」，其實是「MOMOCAT 貓跳台」（P.050）的延伸。摸摸貓的創辦人游騰億與吳涵嫣夫妻倆，因緣際會開始創業貓跳台製作，一開始沒甚麼資金，就在老家 1 樓的前廳空位敲敲打打，甚至克難到用麻將桌當工作桌，沒錢買工具就用現有的來做，還把工作要用的電腦擠到 2 樓臥室擺放……後來成立工廠，相關製作搬到新廠，父母也跟著搬離，此處就這樣空下來了。老家是夫妻一起創業萌芽之處，他們對這裡懷有很深的情感，也因為閒暇時最愛待在咖啡館，於是把這裡改造成可愛溫馨的 MOMOCAT 摸摸貓咖啡館。

游騰億夫妻除了把這裡做為咖啡館外，也想成為貓咪認養的中繼站，並期望扮演教育的角色，教導民眾如何接觸貓咪、與貓同處。創業一路走來，有許多客人給予幫助，像是咖啡館中美麗的壁畫，就是插畫家 Marion Tsai 幫忙繪製。Marion 家中有 4 隻毛小孩，是摸摸跳台的忠實客戶，一聽到要開咖啡館，二話不說就幫忙畫壁畫，目前也是咖啡館中「禪繞畫課程教學」的指導老師。此外，為了讓更多人了解自己的寵物，也邀請寵物溝通師伊爾絲 Irs 駐店服務，讓主人明白毛孩子心中的真實想法，幫助彼此協調相處，導正不良行為。

	02
01	03

01 摸摸貓裡的壁畫十分吸睛。02 看似傻大個的「羅羅」卻有著小貓愛玩的一面，常常玩到喘不過氣來。03「小橘」的動作敏捷，空中跳躍是常事！

MOMOCAT 摸摸貓咖啡館

🏠 新北市蘆洲區中山一路 61 巷 11 號
📞 (02)2281-5493
🕐 09:00 ～ 18:30
休 週二，特殊情形公告 Facebook 粉絲團上，上網搜尋「摸摸貓咖啡館」
Ⓦ www.momocat.cc

類型：可愛溫馨風
店貓：3 喵以上
小叮嚀：店貓採輪值方式，幾隻貓咪輪流來咖啡館值班，無法指定貓咪作陪喔！

芙芙

咖啡館人氣最旺的是貓店長「錢錢」，這隻像戴著口罩花色的米克斯貓，是摸摸貓的招牌明星，許多客人都是為了牠專程前來──但有時錢錢也需要「休假」，所以不一定能在咖啡館相見喔！像是這個月的值日生，就是其他 3 隻可人的貓咪，全身橘色斑紋的「小橘」，喜歡四處走走、跳上跳下，常常看到牠表演過人的跳躍功夫；別看虎斑貓「羅羅」一副老成的樣子，但一遇上玩具就 High 到不行，可以一直一直玩，累到趴在地上一點力氣也沒有；三花虎斑貓「芙芙」則比較謹慎害羞，喜歡站在遠處或貓跳台上，靜靜地觀察客人。

咖啡館的餐點採現點現做，因此需要點耐心等候，不過有貓陪玩一點也不無聊！要是遇上貓咪剛好在睡覺，摸摸貓還準備了貓拼圖、貓疊疊樂等遊戲，讓客人打發時間。人氣最旺的餐點是「貓掌布朗尼」，把做成貓腳印的布朗尼蛋糕配上可愛的貓球棉花糖及冰淇淋，滋味濃醇香甜！還有烤棉花糖吐司，酥脆中帶著糖香，類似於蜜糖吐司，頗受小朋友喜歡。🐾

```
   02 | 04 05
01 03
```

01 「芙芙」怕生，需要長時間才能培養出互動默契。02 融入插畫與濃郁色彩的空間，麻雀雖小五臟俱全。03 咖啡館的吧台就佔去一大半空間，可見店主對餐飲品質之重視（攝影／李麗文）。04 粉筆繪製的插畫，隔一陣子就得補畫，才能維持原貌。05 「烤棉花糖吐司」好看又好吃，是招牌美食。

「黑糖拿鐵」濃濃的香甜黑糖混合咖啡尾韻，與鮮奶十分速配。

「香柚紅茶」以韓國進口極致果香黃金柚子醬調和紅茶，層次鮮明。

貓頭瓦片餅乾，吃了還想再吃。

「貓掌布朗尼」以甜蜜蜜的巧克力搭配冰淇淋，冰火交錯的雙重口感，十分特別。

125

CATffee Cafe' 貓肥咖啡
店貓店鳥相伴的隨性自在

懷抱夢想的溫暖後現代空間

　　文青最愛的淡水小店，貓咪從未缺席。一踏進 CATffee Cafe' 貓肥咖啡，首先映入眼簾的是暗色磚牆上以鑄鐵製作的 LOGO，在藍紫色背光烘托下，顯現一隻貓與一隻鸚鵡趣味互動的剪影。不是貓咖啡館嗎，怎麼會有鸚鵡出現？哈，你沒看錯，貓肥就是間不只有貓還有鳥的後現代主義個性咖啡館，LOGO 裡弓背翹臀翹尾巴的貓咪是金吉拉店貓歡歡，而頭毛有型的便是白鸚鵡店鳥奶機（荔枝）。

01　　02

01 兩隻貓與一隻鳥的故事，就在貓肥展開。02「歡歡」是從繁殖場搶救下來的金吉拉貓咪。

CATffee Cafe' 貓肥咖啡

🏠 新北市淡水區新生街 108 巷 2 號
📞 (02)2629-9822
🕐 11:30 ～ 21:00
🛏 週二，特殊情形於 Facebook 公告，請上網搜尋「貓肥咖啡」

類型：後現代主義
店貓：2 喵
小叮嚀：可攜帶寵物入內，但須有繫繩或裝籠。

01「啾啾」比較害羞，常常躲在櫃檯後方。02「奶機」是隻聒噪的鸚鵡，興致來時說話不斷！03 後現代感十足的空間，將中柱設計成吧台桌，十分獨特。04 冰咖啡是店中招牌單品，以咖啡製作的冰球，讓咖啡從頭到尾都醇厚。05 現炒乾辣椒蒜片雞肉天使義大利麵。06 搭配繽紛蔬菜的燻鮭魚沙拉，吃來清爽開胃。07 華麗感十足的「蜜糖吐司」，打開後更讓人驚喜萬分。08 弟弟也是烘焙高手，常接到客人訂製客製糕點。

貓肥咖啡是由三姊弟攜手打造的圓夢小店，取名「貓肥」即是希望「普天下的毛小孩個個都能幸福肥」！店主三姊弟各有專長，弟弟擁有在電視媒體工作背景，妹妹從事餐飲10多年，姊姊則來自科技業，三人凝聚共識——為毛孩子辦認養活動，還要把空間開放給熱愛藝術的朋友辦畫展，不要過多商業色彩。站在吧台前環顧店內空間，清水模地板、挑高白色天花板垂掛的工業風燈具、色彩明豔的復古沙發、暗色牆上線條俐落的階梯狀白色層板與一台鋼琴……若不是大貓臉椅墊洩露謎底，還真以為這是座藝廊風的PUB。

店中招牌的蜜糖吐司、健康輕食則是出自巧手妹妹的創作，其中貓肥特製蜜糖吐司，彷彿多彩繽紛又可愛的吐司水果籃，果籃裡烤得香噴噴的吐司條，與美味的卡士達醬大跳黏巴達，口感酥脆鬆化，特別值得推薦。

此外，貓肥還提供客製化翻糖餅乾，是創造驚喜的最佳小禮。

貓肥現在有2隻店貓，很有個性超自我的金吉拉「歡歡」、害羞怕生的喜馬拉雅「啾啾」，以及店鳥白鸚鵡「奶機」，每天下午5、6點會上演精采的餵食秀，人氣很旺，可別錯過！店主透露，歡歡與啾啾是從繁殖場搶救出來的貓咪，剛來的時候身體很差，經過一年的調養才慢慢好起來。貓肥計畫未來能轉型成為貓咪中途之家，為更多毛孩子找到幸福的家。🐾

「熱帶水果冰茶」是夏季人氣紅不讓的品項。

貓咪翻糖餅乾是客人訂製的糕點，可依客人需求加上文字。

目目 · MuMu 咖啡展覽藝文空間
回味老年代的美好生活

像回到老家一般地舒服自在

　　就像回味過去生活的時代背景，彷彿電影畫面般的印象，是「目目‧MuMu」第一眼予人的感受。目目開設在淡水老公寓的 1 樓，年輕的主人因是淡江大學畢業校友，對這裡有一份深厚的情感，當決定要開咖啡館時，除了台北市區外第一選擇就是淡水，但找點一直沒結果。就當準備要簽下台北市區的租約時，他剛好得知淡水有一處老房子要出租，前往查看、進入一條隱密的小巷後，頓時開闊的視野讓他十分驚豔，面前的綠林與遠處的觀音山相映，他直覺「就是這兒了」！

	02 03
01	04

01 因為牆上這 2 片收集的老窗框，店名「目目」就這麼決定了。02 常窩在櫃檯邊椅上的果果與伊比，感情好就像親兄妹。03「伊比」的大座就是放滿了老相機的邊櫃，誰都不可以跟牠搶。04 充滿意象設計感的招牌。

　　老闆喜歡攝影，也愛好收集老物件，取名「目目」就是最初蒐集老家具所得到的這 2 個窗框，格外有意義，而放在牆上就像是 2 個「目」，乾脆店名就叫「目目」吧！這 2 片木窗掛在漆著土耳其藍的牆面上，超級搶眼。空間裡處處都是古早年代的生活物品，像是電話茶几、玻璃櫃、復古皮沙發、老式旋轉椅、裁縫機鐵架，家具上頭放著老檯燈、老式打字機，一切都要掛上「老」字，才對味。

目目‧MuMu 咖啡展覽藝文空間

🏠 新北市淡水區大忠街 34 巷 21 號
📞 0987-935-600
🕐 13:00 ～ 21:00
休 每週一、以及每月最後一週的週二
Ⓦ www.facebook.com/mu2space
🔗 活動展覽請關注 Facebook 粉絲團

類型：懷舊復古風
店貓：3 喵
小叮嚀：貓咪正在睡覺時，請勿打擾！

果果

咪咪羊

店內有 3 隻貓，「咪咪羊」是最早養的金吉拉，在 3 貓裡算是阿姨輩分；「伊比」則是朋友從高雄的街頭撿回來的，跨越了幾百里才來到這裡；「果果」最年輕，是開店以後才收養的，很愛撒嬌。主人喜歡用底片機拍照，牆上掛著許多他與朋友拍攝的黑白照片及作品，一張張的照片代表了過往的記憶，有貓陪伴最幸福！

店中擺放與創意市集跟貓主題有關的各項商品，店主極力支持關懷流浪動物，店內特別擺放「窩窩」發行的《窩抱報》，即是關懷流浪動物的專刊，透過創意，讓這類議題不再嚴肅，而是更多元地傳達訊息。刊物所得也大部分將會用在流浪動物身上。

多才多藝的老闆，不只會自己烘咖啡豆，還會做麵包，雖然店中餐飲選項不多，但現點現做的新鮮度絕對值得！🐾

布朗尼蛋糕搭配上冰淇淋，冰火交融非常美味。

幾乎每桌必點的拿鐵咖啡，也有不俗的表現。

酸酸甜甜的蔓越莓果汁是夏季寵兒。

現場的原創明信片，多為展覽作家之作品。

01 02　　03
　　　04 05 06

01 「咪咪羊」是阿姨級的店貓。02 最年輕的「果果」愛撒嬌。03 有如自家客廳的咖啡館空間，充滿濃郁的人文風情。
04、05 多才多藝的老闆，烘豆、煮咖啡皆一手包辦。06 老闆充分利用舊物改造，讓老櫃變成老件展示櫥窗。

Catwalk 貓散步 219 (Empress Gallery)
礦場小鎮裡的貓咖啡藝廊

為紀念愛貓而展開的故事

因為愛貓生病驟逝來到猴硐散心，而與猴硐的貓咪結下深厚情緣的 Julie（P.088），很喜歡猴硐這樣的地方。因緣際會下，她買到一間老房子，整理後做為一個以貓咪為主題的咖啡藝文空間，也就是現在所見的「Catwalk 219」，中文名稱「貓散步」，並為紀念已逝愛貓小雪之名 Empress，而將藝廊取名「Empress Gallery」，咖啡藝廊坐落在村落裡最上一層，將美好景色盡收眼底。

改造後的老房子明亮而清新，頗具在地人文風情，加上畫貓藝術家 Pepe Shimada 展出的創作，讓人感受到 Pepe 桑用鮮豔色彩畫貓的情感，帶有神奇的療癒效果。除了 Pepe 桑畫作的常態性展出外，Catwalk 219 也定期邀請知名藝術家的各種貓咪創作。店長 APPLE

原本只是造訪猴硐的遊客，在一次來訪遇見了橘貓 Oreo，可愛親人的 Oreo 迅速融化她的心，於是 APPLE 開始畫貓，畫著畫著就留在 Catwalk 219 當店長了。她說 Oreo 是她的 Obaby，因此成立 Apple&Obaby 粉絲團，不時把畫好的貓咪畫作、手作貓咪小物上傳 Facebook，也製作成馬克杯及明信片等，販售所得則用來幫助猴硐的貓咪，Catwalk 219 中也展示了她精緻的貓畫作。

	02 03
01	

01 咖啡館位於猴硐小鎮最上方的一排老屋中。
02 常在門邊曬太陽、看風景的 3 隻橘貓——圓仔、Oreo、歐司麥。03 十分上相的「小蝦蝦」，是店中的貓老大。

Catwalk 貓散步 219

🏠 新北市瑞芳區猴硐柴寮路 219 號
📞 (02)2706-6565
🕐 平日 12:00 ~ 17:30、假日 10:00 ~ 17:30
🛏 每週二，特殊情形公布 Facebook 上
Ⓦ www.facebook.com/houtong.empress/

類型：小清新
店貓：5 喵
小叮嚀：請不要打擾正在睡覺的貓咪，由於貓咪們的腸胃比較敏感，有固定餵食照顧，請勿私下餵食。

店中的貓老大是黑白賓士貓「小蝦蝦」，跟著常住店裡的就是「Oreo」與兄弟「歐司麥」（簡稱「雙O兄弟」）；還有救援收留的虎斑貓「QQ」，由於有心臟病及呼吸不順的問題，不適合野放，便被收編下來；同樣是橘貓，腹部及四腳卻帶白的「圓仔」，是5貓中最年輕的貓咪，常常想往外跑，十分活潑，APPLE只能為牠繫上貓帶，如不注意跑出去時，比較容易找回來。5隻貓在店裡十分自在，也常常在客人四周走動，想與貓咪合影並不難，也吸引許多外國遊客專程前來找貓玩。

Catwalk 219 保留了老房子的木窗與屋樑結構，沒有太多的裝飾，多利用老物件做成家具，頗具風情。由於人力有限，店裡只提供簡單的飲品與點心服務，有手沖咖啡、冰沙、茶等，夏日首推薄荷檸檬冰沙、貓啤酒，冬日則有蜂蜜檸檬柚子茶；若想喝無咖啡因的，則可選擇香甜薄荷茶、蜜桃熱園茶。至於點心，目前推出的是古早味套餐，主要為迷你粽及綜合丸湯，端上桌時，會看到店長把醬汁畫成貓肉球形狀，可愛無比。🐾

「薄荷檸檬冰沙」酸甜又清涼，消暑聖品。▶

◀ 可愛的小點心「迷你粽」，還有貓球醬汁陪襯。

Pepe 桑特別以猴硐特
色所繪製的畫作。

店長 Apple 畫貓的作品
印製成馬克杯，所得用
來幫助猴硐貓咪。

01 改造後的老屋空間不僅明亮，也保留樸質原味。02、03 看得出來貓
咪們在店中十分怡然自得。04 店家推出的貓啤酒，即使只剩空瓶也值
得做為藝術收藏。05 感情融洽的貓咪們，每天都會互相打理門面。06
QQ 的身體狀況不佳，被店家收編下來照顧。07 客人所留下心情便條
貼滿了牆面。08 每個角落都是風景。09 在此品嚐到道地的台灣茶。
10 這裡是 Pepe 桑創作藝廊，有幾張是本地特色的創作。

```
        08
        09
01  02  04 05  10
    03  06 07
```

QQ

貓雜貨咖啡館
北海岸的貓咪伊甸園

與愛貓享受山間閒適的生活

從海岸道路轉進三芝山區，空氣中散發淡淡鄉野氣息，「貓雜貨咖啡館」就設在三芝著名地標芝柏山莊內。與都會區裡的咖啡館氛圍大異其趣，這兒十分悠閒寧靜，因此吸引老闆娘在此落腳、休養身體。但閒不下來的她，想著不如把這麼好的環境來開間咖啡館，工作中又能兼顧生活，於是把住家 1 樓裝潢整修，開始她的山中咖啡館小日子。

從最初就陪著她的是名為「饅頭」的金吉拉，溫和親人，還獲得新北市「寵物萌主選拔」第 21 名，不過目前邁入老年的饅頭不太愛動，只喜歡窩在櫃子下睡覺；還好店裡還有其他 3 隻貓咪：三色花貓的「家旦」超喜歡客人讚美，黑白乳牛色的「閃電」常常跳高高俯視全場，幾乎全白的「阿白」害羞可人，每隻貓咪個性分明，但都超級黏老闆娘。

開業 5 年，貓雜貨咖啡館已是貓迷們熟知的貓咖啡館，老闆娘好吃的餐飲功不可沒，原本就從事餐飲業，精通各式西餐糕點，因此來到這兒的客人必點上一份下午茶，好好享受與貓咪同在的悠閒時光。店中也擺放許多手作雜貨，有插畫家出的明信片、手作老師的布製裝飾品、攝影師的貓寫真專輯等，等待識貨的客人帶回家。由於咖啡館只有老闆娘一人打理，為了顧好身體，目前只在假日開門營業，所以去之前最好先去電詢問，才不會撲空喔！🐾

老闆娘烘焙技術一級棒，店中糕點皆出自於她手。

可別以為在郊區沒好喝的飲料，濃郁的抹茶拿鐵一定能推翻你的刻板印象。

02

01

01「阿白」身形小，但年歲其實不小了。02「饅頭」是店貓老大，還獲得「寵物萌主選拔」第 21 名。

貓雜貨咖啡館

📍 新北市三芝區芝柏路 34 號
📞 (02)2636-8609
🕐 12:00 ～ 18:00
休 週一至週四
ℹ️ 營業日也會不定休，出發前請來電詢問

類型：度假風
店貓：4 喵
小叮嚀：開啟店門時須注意店貓是否在門邊，並盡快將門關上，貓咪有時會衝出門喔！

貓小路 Cafe'
唯美風情的港邊小窩

攝影／李麗文

立體貓咪拉花拿鐵，叫人怎麼捨得喝？

從基隆港前海洋廣場轉進市區，「貓小路」就藏身在一排樓房 3 樓，循著窄小的階梯往上，越來越有探索祕密基地的感受。推開大門，亮麗的色彩迎面而來，空間裡貓影無所不在，有貓咪塑像、貓咪壁貼、貓咪海報、貓咪燭台、貓咪椅墊、貓咪油畫……想得到的貓咪裝飾品幾乎都有，這些都是愛貓的女老闆各方收集而來。3 年前，她在基隆港邊找到這處空間落腳，笑說自己一堆貓咪收藏品終於有地方可以放了；最初家中的貓咪也天天一起跟著來上班，無奈與一些客人互動不佳，於是貓咪還是留在家中，偶爾才帶來店裡。

許多客人特地為了貓小路空間的貓咪主題裝設而來，以桃粉紅、蘋果綠為主調，整體有著法式鄉村風，彷彿置身在異國咖啡館中。餐飲提供咖啡、茶等飲品，與鹹口味的帕尼尼、甜口味的日式鬆餅、自製甜點、三明治等，每當餐點端上桌，客人幾乎都會驚呼「哇！」，因為盤中裝飾實在太可愛了！

老闆用醬汁畫上貓咪圖案，拿鐵咖啡類的奶泡也做成貓咪拉花，也有貓型立體拉花，讓人捨不得飲下。把杯子拿起來，還會發現杯底的手鉤毛線貓咪杯墊，很想帶回家嗎？別忘了，老闆在靠近吧台處設了貓咪雜貨櫃，有不少手作貓咪飾品與雜貨，件件都是精心挑選的好物。🐾

01 咖啡館的裝設十分有特色，有著濃郁的法式鄉村風情。02 靠近壁爐區有一整片的貓擺飾、掛畫。03 老闆娘特別蒐羅的貓咪小掛畫。04「喝咖啡到世界末日那天」，一語道盡嗜咖啡者的心聲。

貓小路 Cafe'

- 📍 基隆市仁愛區孝二路 83 號 3 樓
- 📞 (02)2428-9908
- ⏰ 平日 11:00 ～ 21:00、週五至日 10:00 ～ 22:00
- 🚫 不定休，公布在 Facebook 粉絲團上
- 🌐 www.facebook.com/nekokoji.cafe/

類型：法式鄉村風
店貓：無店喵，但老闆娘偶爾帶家貓來上班。
小叮嚀：貓咪上班時，請勿強抱或突然靠近貓咪。

哎呀，這樣天
熱的午後，多
適合打個盹啊
⋯⋯zzz⋯⋯

攝影／李麗文

Travel

Cat

Part 4

呼嚕嚕，

轉角尋貓趣

與貓相約鄉野小站，走訪礦山的時光角落吧！隨興轉彎，晴空的樹蔭下、隱密的小徑裡、清幽的茶坊門口，在巷弄階梯間感受另一種尋貓樂趣。

Catwalk 貓散步 219

金石工坊猴硐
招財貓本舖

三貓小舖

猴貓寺

← 往山貓嶺·宜蘭

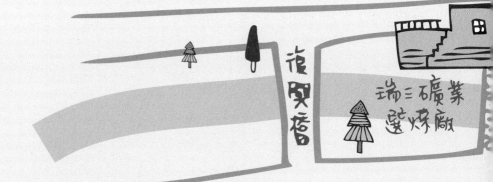

復興橋

瑞三礦業
選煉廠

← 往三貂嶺

復興礦石口

猴硐火車站

往瑞芳、台北 →

柴寮路

平林路

P

猴硐煤礦
博物園區

介壽橋

基隆河

猴硐路

懷德亭

猴硐坑

149

猴硐，與貓相約鄉野小站

跟著腳印尋找貓兒蹤跡

北部最具知名度的尋貓地，當然就是猴硐了，不僅有「貓村」之美名，還被美國CNN評選為世界6大賞貓景點，是貓迷最不能錯過的尋貓勝地。

當火車從瑞芳轉進北迴鐵路，第一站即是猴硐，過去是採煤「瑞三煤礦」的重要基地，礦坑、選煤場、運送站一應俱全，與金瓜石相比可說不遑多讓，礦業史蹟十分豐富，並於2010年設立「猴硐煤礦博物園區」。與園區相對的山坡，是個層層錯落的小聚落，在礦業繁盛的黃金年代住戶曾達到900多戶，隨著礦業枯竭沒落，人口外移，聚落逐漸萎縮；直到愛貓人士發起「有貓相隨，猴硐最美」活動，讓猴硐貓咪有了友善環境，並引起民眾注意，繼而成為熱門旅遊景點。

從猴硐車站出站後，在候車大廳裡就能看見貓咪四處漫步，瞬間感受小村自在的氛圍。前往聚落須穿過鐵道上的人行天橋，這座世界唯一的「人貓共用天橋」以貓咪與礦業意象設計，外形更像隻咖啡色的貓咪，除了提供連接光復里居民的聯外通路，天橋上的高高低低貓通道設計，更讓貓咪與行人各行其道；中途還設有一些小叮嚀招牌，提醒遊客在進入貓村之前，要注意哪些事項。

01 一進猴硐車站即能看見貓咪的蹤影，貓咪自在地漫步，一點都不怕人。
02 貓咪一天有一大半的時間在休息，遊客可別打擾了睡著的貓咪喔！03 猴硐車站是進入北迴鐵路的第一站，普通列車都會在此停站。

🏠 新北市瑞芳區光復里柴寮路
📞 (02)2497-4143
🕐 08:00 ～ 17:00（猴硐遊客中心）
🚌 搭乘台鐵區間車列車至猴硐站即抵

猴硐貓多，勿隨意餵食貓咪，若帶其他寵物隨行，需有牽繩或籠子能控制寵物行動。為了讓貓村裡的喵星人不受傳染病感染，幸福生活，摸貓前後請先清潔雙手，才能做好防疫工作。

穿越天橋後，首先遇見護坡牆與大樹形成的小廣場，是遊人相約會合最佳之地，接著只要跟隨沿路可愛的貓腳印圖案前行，就能找到貓咪的蹤影。貓村內隨處可見貓型大型裝置，活潑逗趣的外型，總讓人忍不住停下腳步，合影留念；此外，晴朗之日，村內的貓咪會躲在樹蔭下，所以只要往涼爽地方找找就能看到牠們。貓咪一日活力最旺盛的時候，就是一大早與傍晚時分，想要看到最多貓咪，別忘了選擇此時前來囉！

除此之外，猴硐跟貓有關的店舖也不少，像是三貓小舖、貓掌屋、猴硐招財貓本舖⋯⋯等，店內貓雜貨商品琳瑯滿目，讓貓迷們恨不得全都帶回家，可得趁此機會好好逛逛。其實不僅聚落裡有貓，調皮的貓咪也會到猴硐煤礦博物園區散步，參觀礦工紀念館、地質館、願景館時，除了認識採礦真實的面貌，感受礦工的艱辛歲月外，隨時能見到貓兒在轉角休息，你會發現貓咪真的無所不在呢。🐾

► 將猴硐明星貓咪製作成大公仔，讓小聚落有著濃濃貓味。

01		03	
	02	04	06
		05	
			07

01 猴硐礦業博物園區保留了過去礦場的遺
跡,也成為貓咪探險天堂。02 新落成的貓天
橋以礦業與貓咪意象設計,頗具特色。03 進
入聚落須穿越貓天橋,不時可見貓咪慵懶趴
睡(攝影／李麗文)。04 貓行館中以貓主題
設計的火車票,懷舊風十足(攝影／李麗文)。
05 這場景有著跨越時空的奇幻感。06 靠近
貓咪時請緩緩前進,突然的動作容易嚇到貓
咪喔。07 貓咪正在做日光浴時,是觀察、拍
攝的好時機。

猴硐車站外設置的貓咪
站牌，也是貓小P所設計。

因為有愛，
貓小P用畫與貓相隨

攝影／李麗文

大白公仔與貓咪壁畫，幾乎
是每個遊客必留影之處。

走在猴硐小徑上，處處都可以見到十分卡哇伊的貓咪壁畫與大公仔，圓滾滾的身形與萌翻人的表情帶給人們溫暖療癒的感受。這些創作大多來自貓小P的手筆，從十多年前領養第一隻貓咪後，她就與貓結下了不解之緣，生活中常有6隻貓咪相伴。因為對貓咪的濃厚情感，貓小P常以貓為主題創作，筆下每隻貓咪都充分表現出各種純真可愛的特質，擄獲不少愛貓粉絲的心。

正因對貓咪的關心，貓小P曾參與早期猴硐貓村的愛貓活動並擔任志工，為猴硐的貓咪繪製插畫。這些貓咪插畫可愛的模樣，也讓猴硐貓村打出名聲，當遊客漸多，當地居民與新北市政府也積極改善相關設施，「貓橋」即是一例。由於2011年後猴硐遊客大增，而原有的天橋過於狹窄，無法應付人流，於是居民、里長與觀光局開會協議決定新建貓橋；以礦業與貓咪意象打造的天橋，不僅可以讓人使用，也能讓貓咪安全通行鐵道區，相關的措施除了讓居住環境機能更加完備，也友善了猴硐的貓咪們生活條件，吸引更多貓迷前來朝聖。貓小P提及，目前主要是台灣319愛貓協會（猴硐貓友社）與新北市政府動保處，協助猴硐貓咪餵食、健康照護、環境維護、送養等，加上來自各方的援助，以愛貓為出發點，實際用許多行動來幫助猴硐的貓咪。

如今猴硐貓村美名遠播，貓小P提醒，為了讓猴硐貓村永續傳承，也做為一位受歡迎的遊客，有些事需要注意、有些事不可為。猴硐並非全面性的觀光區，請不要大聲喧譁，也勿隨意進入民宅、翻動私人物品；另外，由於貓是敏感的動物，不可追逐、打擾，也請記住拍攝時勿使用閃光燈，以及不要用人的食物餵食貓咪。也不建議帶狗前來，如有必要請牽好拉繩或放提籠，畢竟大多貓狗天性不合，謹慎些才能避免雙方受傷。另外，當地居民所飼養的貓咪與街貓，已經過貓友社註冊，請遊客來到猴硐不要棄養貓，也不要把這兒的貓隨意抱回家。想認養貓咪的朋友，可等待志工評估篩選後舉辦的認養活動。好地方需要眾人維護，才能維持下去，也希望來猴硐旅行、看貓的朋友，能遵守貓村公約喔 🐾

貓小P授權貓咪圖像，提供動保處活動宣傳使用。

貓小P《寄一隻貓到你心裡》一書封面，將貓咪設計成明信片厚卡，有趣又有創意。

動保處印製的「貓村健康護照」讓民眾免費索取，照護常識十分豐富。

網站：http://www.cat-sky.idv.tw
FB：Facebook 粉絲團搜尋「貓小P」

愛貓的女性創作家，喜歡畫畫、手作、寫詩，家中6隻貓咪是創作靈感的來源，從擔任美術老師、出版社編輯，因緣際會為猴硐貓村創作系列插畫，作品散見猴硐各處。現為自由創作者，創立自有品牌「Cat-Sky＊貓小P」，並著有《寄一隻貓到你心裡》、《我的私房貓手作》、《襪子變娃娃》、《百元商品巧思52變》、《卡哇伊的貓毛氈》等書。

朋友！你哪個道上的？別擋路！

2014.12.05

往金瓜石、黃金博物館

往基隆、瑞芳 台北公車站牌

往瑞濱(濱海公路)

九份消防隊

福山宮

九份國小

山頂路

九份公堂

基山街/九份老街

聖明宮

石觀

雞籠山

亨利屋

西出沒

豎崎路

公廁

西出沒

輕便

住金瓜石公車站牌

昭靈廟

旅遊服務中心

亨利屋

三貓

旅遊服務中心

警察局

份國小招財貓本舖

三貓小舖

頌德公園

公廁

番坑公園

往瑞芳．

P

b102縣道

九份

尋貓地圖

尚芳．台北公車站牌

九份，礦山小鎮的時光角落

攝影／李麗文

在山海之際探索貓徑

位於北部東北角的九份，在台灣開採金礦的年代，有著小山城繁華興盛的美麗故事，也有著時光流轉的滄桑。這樣一個富有人文風采的小鎮，現在除了是北台灣最熱門的旅遊地，也是尋訪貓咪身影的好去處，不少攝影愛好者都會來此拍貓，雖無法與猴硐眾多貓口數相比，但看山、看海、找貓，一點也不無聊，而濃郁的懷舊氛圍更一路伴隨著腳步，在巷弄階梯間找到另一種尋貓樂趣。

九份老街主要由橫向的基山街、輕便路，與縱向的豎崎路構成，其中基山街可說是九份最熱鬧的老街，這條彎彎曲曲的街道路幅不大，聚集各形各色的店家，傳統小吃、紀念品店、特產、伴手禮店，以及茶坊、景觀餐廳，市集氛圍熱絡。九份居民養貓的人還不少，貓迷逛遊時，一定會常發現店家總喜歡擺上貓飾品裝飾，仔細一看，街上紀念品店的 2 隻店貓，就窩在櫃檯後呼呼大睡呢！「真是不盡責的貓店長啊」，貓友笑說。

基山街後段較為清幽，最早進駐的店家就是九份茶坊，由藝術家洪勝志改裝中醫老屋，古色古香的茶坊門口就放了幾隻陶貓，十分討喜。走至景觀台，視野頓時開闊，不過除了秀麗的風景，貓迷也別錯過了常窩在電箱上的 2 隻貓咪，任周遭人群喧譁也不受影響，繼續沉醉夢鄉呢。

常常出現在旅遊雜誌中的場景當屬豎崎路，這條貫穿基山街、輕便路的小徑，以階梯上下，最上方是九份國小，也是貓咪常出沒之處，天氣晴朗時，有幾隻貓會在此享受暖暖的陽光。往下漫步，則有知名的阿柑姨芋圓、吳泥人面具、三貓小舖、護理長的店滷味等；而越過基山街，即是多家茶樓、景觀餐廳的集中地，可在此小歇用餐賞景，而電影《悲情城市》的昇平戲院雖已不復昔日風貌，但來此聽聽九份這段過往回憶，更能感悟那年代下的悲情。

行至輕便路，會發現遊人少了許多，店家主要還是集中在與豎崎路交叉的路口，在九份黃金時期，因豎崎路的人力輸送不敷使用，因此選擇現今輕便路的路段，興建輕便車鐵道來運輸礦產與物產商品；沿途路面平坦，與基山街彎曲起伏的景象大不相同，直到 1954 年時才拆除鐵道，成為當地居民進入老街裡車輛往來的交通要道。這條輕便路，可以說是基山街的後門，基山街上的出入口可能是住戶的頂樓，越往下走通到輕便路的小巷，又有另一個出入口，一棟建築 3、4 個大門，一點也不稀奇。穿梭的階梯小道，也成為貓咪出入的隱密小徑，不經意間就能發現貓咪的蹤影！🐾

01
02

01 九份的店家對貓咪都很友善，也喜歡用貓咪飾物做裝飾。02 濛濛的陰天睡覺最好了，2 隻貓咪窩在一起大睡，一點也不受遊客影響。

🏠 新北市瑞芳區九份商圈
📞 (02)2406-3270（九份遊客中心／汽車路 89 號）
🕐 搭乘台鐵列車至瑞芳車站下，轉搭「台灣好行」
🚌 福隆線往福隆方向，於九份站下車即抵

九份假日遊客人潮較多，以搭乘大眾交通運輸為佳。

01	02	05	07	08
	03			
04		06		09

01 基山路上的藝品店有 2 隻可愛的店貓，每日準時跟老闆娘一起上工。02 較為幽靜的汽車路，常有貓咪在小徑上穿梭。03 不時可見的貓咪藝術裝飾。04 往九份國小的豎崎路上，有幾家貓主題雜貨店。05 三貓小舖九份二館的入口，以逗趣的功夫貓壁畫招攬客人。06、09 九份茶坊門口的陶貓質樸，藝術感滿分。07 放一隻招財貓，討個吉利吧。08 以九份貓咪製作的紀念品，十分討喜。

Miao~ 寫真

給你一雙貓手，
好運無所不在！

貓奴們，今天你想去哪兒？
快挑個店家尋貓去吧！

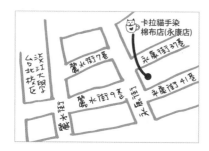

06 Dayan Cafe 達洋屋
P.068

🏠 台北市敦化南路一段 187 巷 55 號 2 樓

📞 (02)2779-0083

09 Toast Chat
P.080

🏠 台北市光復南路 290 巷 58 號

📞 (02)2721-5661

07 貓咪先生的朋友
P.072

🏠 台北市大安區大安路一段 83 巷 7 號

📞 (02)2731-8387

10 喵吧咖啡廳
P.084

🏠 台北市南京東路五段 123 巷 1 弄 11 號

📞 (02)2753-1011

08 小春日和
P.076

🏠 台北市松山區延壽街 361 號

📞 (02)8787-6920

11 安和 65
P.088

🏠 台北市大安區安和路一段 65 號

📞 (02)2706-6565

|12| 讀貓園
P.092

🏠 台北市和平東路三段 370 號 2 樓
📞 (02)2736-9898

|13| 小貓花園
P.98

🏠 台北市士林區福華路 129 號
📞 (02)2835-3335

|14| 元氣貓主題咖啡
P.0102

🏠 台北市士林區德行西路 93 巷 2 弄 13 號
📞 (02)2835-3336

|15| Tiere 堤林咖啡
P.106

🏠 新北市板橋區文聖街 207 號 1 樓
📞 (02)2250-1377

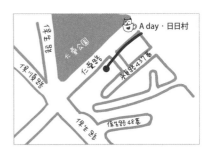

|16| A day · 日日村
P.110

🏠 台北市永和區仁愛路 279 號
📞 (02)2925-7699

|17| 私藏不藏私
P.114

🏠 新北市中和區景安路 167 巷 6 號
📞 (02)8943-3173

18 野喵中途咖啡
P.118

🏠 新北市三重區集英路 65 號

📞 (02)2857-8282

19 MOMOCAT 摸摸貓咖啡館
P.122

🏠 新北市蘆洲區中山一路 61 巷 11 號

📞 (02)2281-5493

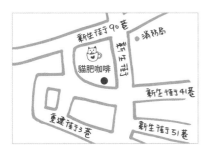

20 CATffee Cafe' 貓肥咖啡
P.128

🏠 新北市淡水區新生街 108 巷 2 號

📞 (02)2629-9822

21 目目‧MuMu 咖啡展覽藝文空間
P.132

🏠 新北市淡水區大忠街 34 巷 21 號

📞 0987-935-600

22 貓雜貨咖啡館
P.140

🏠 新北市三芝區芝柏路 34 號

📞 (02)2636-8609

23 貓小路 Cafe'
P.142

🏠 基隆市仁愛區孝二路 83 號 3 樓

📞 (02)2428-9908

情報旅遊

貓奴，今天去哪兒？
慢行台北貓村落 X 26 間療癒咖啡館 & 雜貨小舖

作　　者：李麗文
攝　　影：吳毅平
主　　編：俞聖柔
責任編輯：俞聖柔、張召儀
視覺設計：陳語萱 Ivy

發 行 人：洪祺祥
總 編 輯：林慧美
副總編輯：謝美玲
法律顧問：建大法律事務所
財務顧問：高威會計事務所

出　　版：日月文化出版股份有限公司
製　　作：山岳文化
地　　址：台北市信義路三段 151 號 8 樓
電　　話：(02)2708-5509　傳真：(02)2708-6157
客服信箱：service@heliopolis.com.tw
網　　址：http://www.heliopolis.com.tw
郵撥帳號：19716071 日月文化出版股份有限公司

總 經 銷：聯合發行股份有限公司
電　　話：(02)2917-8022　　傳真：(02)2915-7212
印　　刷：禾耕彩色印刷事業有限公司
初　　版：2015 年 12 月
定　　價：320 元
Ｉ Ｓ Ｂ Ｎ：978-986-248-515-6

貓奴，今天去哪兒？慢行台北貓村落 X 26 間療癒咖啡館 & 雜貨小舖 /
李麗文著；吳毅平攝 . -- 初版 . -- 臺北市：日月文化，2015.12
176 面；17*20 公分 . -- (情報旅遊)
ISBN 978-986-248-515-6(平裝)

1. 旅遊 2. 臺北市 3. 新北市

733.9/101.6　　　　　　　　　　　104022261

貓奴，今天去哪兒？

亨利屋家族 點石成晶・最懂你心

亨利屋家族是一個將藝術生活化的台灣原創品牌，起源於藝術家-李鴻祥因一次的因緣際會創作了第一顆石頭貓送給德國友人，看到友人充滿感動，握著石頭貓久久不能放下的神情後，便踏上了彩繪石頭藝術創作之路。

石頭貓不是貓也不是石頭，它是藝術創作與大自然玉石的融合，藉由栩栩如生的彩繪技藝，賦予原本平凡的石頭一個不平凡的創作靈魂，並將石頭貓融入蘊含雋永意境的背景插圖中，開發出多元化的商品、禮品，期望營造和諧自在的生活氛圍，讓藝術不再遙不可及，更能與愛一同融合在生活裡！

我們從台灣出發，以手繪藝術創作與原創設計打造國際禮品品牌，用藝術傳達愛，以愛創作關係，樂在分享，熱愛生命！ 📘 加入粉絲團 Henry Cats & Friends 🔍

品牌官網